BVT

Die elfjährige Leticia kommt in das Haus des Stadtarchivars Don Daniel, um Musikunterricht bei seiner Frau Doña Luisa zu erhalten. Es entwickelt sich eine fatale Dreieckskonstellation; die Verwirrung der Gefühle führt eine ausweglose »Beziehung« zwischen Don Daniel und Leticia herbei.
In den *Memoiren einer Elfjährigen* versucht Leticia mit unerbittlich analysierendem Blick herauszufinden, weshalb es so weit hat kommen können bei ihrem Versuch, sich von »dieser Krankheit: der Kindheit« zu befreien, und warum sie nun in der Schweiz, bei ihrem Onkel, leben muss.

Rosa Chacel, 1898 in Valladolid geboren, kam mit zehn Jahren nach Madrid und gehörte schon früh zum Kreis um den Philosophen José Ortega y Gasset. 1937 Aufbruch ins lateinamerikanische Exil, aus dem sie erst 1974 zurückkehrte. 1987 erhielt sie den Spanischen Nationalpreis für Literatur. Rosa Chacel starb 1994 in Madrid.

Rosa Chacel

Leticia Valle
Memoiren einer Elfjährigen

Roman

Aus dem Spanischen von
Maralde Meyer-Minnemann

Berliner Taschenbuch Verlag

Juni 2002
BvT Berliner Taschenbuch Verlags GmbH, Berlin,
ein Unternehmen der Verlagsgruppe Random House GmbH
Die Originalausgabe erschien 1946 unter dem Titel
Memorias de Leticia Valle
bei Emecé in Buenos Aires, Argentinien

Umschlaggestaltung: Nina Rothfos und Patrick Gabler, Hamburg,
unter Verwendung des Gemäldes »Retrato de su hija en un pasillo«,
1923, von Cristóbal Ruíz, Archivo Fotográfico Museo Nacional
Centro de Arte Reina Sofía, Madrid
Gesetzt aus der Sabon durch psb, Berlin
Druck und Bindung: Elsnerdruck, Berlin
Printed in Germany · ISBN 3-442-76054-2

Am 10. März werde ich zwölf Jahre alt. Ich weiß nicht weshalb, aber seit ein paar Tagen kann ich an nichts anderes mehr denken. Eigentlich ist es mir egal, ob ich zwölf oder fünfzig Jahre alt werde. Ich glaube, ich denke daran, weil ich sonst nicht weiß, woran ich denken soll.

An alles, was vorher war, denke ich nicht; ich sehe es vor mir; jede einzelne Minute meines Lebens sehe ich vor mir, aber denken, wenn ich anfange zu denken, fällt mir nur ein: Am 10. März werde ich zwölf. Und wenn ich dann nachdenke, frage ich mich: Was wird geschehen? Nichts wird geschehen. Nur die Tage werden vergehen, bis der 10. März da ist, und an dem Tag, ja, da weiß ich, was geschehen wird. Anschließend werden die Tage wieder einfach so verstreichen.

Wenn ich zu mir selbst über das, was geschehen ist, etwas sagen will, fällt mir nur der Satz meines Vaters ein: »Das ist unglaublich, das ist unglaublich!« Ich sehe ihn dann vor mir, wie er in der Ecke in seinem Sessel sitzt, sich mit der Hand an die Stirn greift und dabei den Satz wiederholt, und ich sage aus meiner Ecke, ohne es auszusprechen, zu ihm: »Das wollte ich dir immer schon sagen. Ich konnte dir nicht sagen, dass alles, was mich betraf, immer unglaublich war, aber ich habe versucht, es dir zu verstehen zu geben, und du hast zu allem stets nur gesagt, es sei nichts Besonderes. Natürlich kommt dir das, was geschehen ist, unglaublich vor, aber doch nur, weil du immer noch glaubst, vorher habe es nichts Besonderes gegeben.«

Aber was nützt denn schon so eine Auseinandersetzung? Wir sind einander fern, wie wir es immer schon waren. Mit dem Unterschied allerdings, dass die Entfernung für mich von Vorteil ist. Sie isoliert mich, gehört mir, und außerdem ist mir nicht nach Erklärungen zu Mute. Früher, als ich noch über das sprach, was mich betraf, war es, als würde ich darum bitten, dass man mich davor schützte. Jetzt fürchte ich mich nicht einmal mehr vor den schlimmsten Dingen: Ich wage es, sie hier zu wiederholen, ich werde sie aufschreiben, damit sie nie aus meinem Gedächtnis verschwinden, und ich tue es nicht etwa, um mich zu trösten: Ich muss mich in ihnen wie in einem Spiegel betrachten können und mich von all den Dingen umgeben sehen, die ich geliebt habe, von all den Dingen, von denen man mich getrennt hat, als hätten sie mir geschadet. Hier können sie sie mir nicht mehr nehmen, noch können sie gelöscht werden; hier sind sie so, wie ich es will, sie können mir nichts anhaben. Ebenso wenig wie die Dinge, die mich tatsächlich umgeben; ich sehe sie, weigere mich jedoch, an sie zu glauben.

Alles in allem geht es mir damit wie mit der Efeuranke, die bis zum Rahmen meines Fensters reicht. Wenn ich sie aus dem Augenwinkel ansehe, wie sie durch die

Scheibe hereinschaut, kommt sie mir vor wie eine Eidechse, die flüchten wird, falls ich näher komme. Dennoch ist sie nicht das, was sie zu sein scheint; sie kann weder fliehen noch zusammenzucken, selbst wenn ich mit den Fingerknöcheln an die Scheibe klopfe, aber trotzdem stelle ich mir gern vor, sie sei meine Gefährtin. Ihr Leben geht so langsam voran, langsamer als die Uhrzeiger, die ich oft stundenlang angestarrt habe und dabei wünschte, sie würden weiterrücken. Hier ist sie es, die meine Zeit messen wird. Wenn ich sie ansehe, wenn ich sie vergesse oder wenn ich schlafe, rückt sie vor; jetzt reicht sie beinahe bis zum dicksten Knoten im Holz, und ich weiß, dass sie bis zum 10. März eine Hand breit oder vielleicht noch mehr gewachsen sein wird.

Wie viel ich bis dahin gewachsen sein werde, wird weniger sichtbar sein. Adriana sagt, dass sich diese Hänge bald mit Schnee bedecken und wir Ski laufen werden, denn es ist schon Ende Oktober, dass ihr Lehrer jeden Augenblick kommen kann und wir im Zimmer ihrer Mutter Musikunterricht haben werden, dass ich schnell Deutsch lernen muss, damit ich mit ihr zusammen am Unterricht teilnehmen kann. Ich werde kein Deutsch lernen, nicht Ski laufen, ich werde überhaupt nichts lernen. Ich werde nicht den Weg einschlagen, den sie mir vorzeichnen, so werde ich es nicht machen. Ich werde in eine andere Richtung gehen, nach oben oder nach unten, ich werde, wo immer es möglich ist, entwischen, und sie werden es nicht merken. Sie werden mich täglich ruhig auf demselben Platz sitzen sehen, aber ich werde nicht da sein: ich werde zurückgehen. Es ist das Einzige, was ich tun kann. Sie werden das kaum verstehen! Ich werde nichts Auffälliges tun, sie werden nicht eine einzige Bewegung meiner Hand sehen. Ich werde all meine Kraft nach innen wenden, werde zurückrennen, bis ich außer Atem bin, bis ich am Ende angelangt bin, bis ich mich verliere. Dann werde ich hierher zurückkommen und noch einmal zurückgehen.

Nein, hier werde ich nie ankommen. Es scheint mir einfacher zu sein, dorthin, bis zum Anfang, zu gelangen. Alles andere, was rechts oder links liegt, kann ich nehmen oder lassen, und ich werde nicht mehr nehmen, als ich wirklich möchte. Nicht das, was ich aus einer Laune heraus will; was ich von ganzem Herzen will, mit diesem innigen Wollen, das vom Anfang herrührt, von Gott wahrscheinlich, denn Gott ist der Anfang und das Ende aller Dinge. Auch wenn ich nicht genug weiß, um mir all das allein auszudenken, so dachte ich es trotzdem schon vor langer Zeit, als ich noch überhaupt nichts wusste. Ich habe es immer so gefühlt. Wenn ich bete, vor allem wenn ich im Dunkeln bete, wenn ich im Bett das Gesicht zur Wand drehe und die Dunkelheit mit den Blicken abtaste, die Augen in alle Richtungen wende und nichts sehe, erst wenn ich vollkommen überzeugt davon bin, dass ich nichts sehe, kann ich auch an nichts denken. Manchmal bin ich mir sogar nicht einmal sicher, ob meine Augen offen oder geschlossen sind. Dann berühre ich mich langsam, ganz vorsichtig mit der Fingerspitze, als wollte ich ein Auge überraschen, das nicht mir gehört. Und wenn ich den Augenwinkel zwischen den Wimpern berühre und mich davon überzeuge, dass das Auge offen ist, erst dann bin ich sicher, dass ich nichts sehen kann, und ich habe einen Augenblick lang schreckliche Angst, doch schließlich kann ich dann anfangen, das Vaterunser zu beten.

Ich habe ein so großes Bedürfnis, selbstständig zu denken, dass ich, wenn ich es nicht tun kann, wenn ich mich in irgendeine Meinung schicken muss, die nicht von mir stammt, diese so gleichgültig hinnehme, dass ich wie ein gefühlloses Wesen wirke. Ganz besonders quälend ist es, wenn ich mir ein Bild von meiner Mutter machen will. Als ich klein war, hörte ich, wie von ihr gesprochen wurde, und sagte mir: Nein, nein, so war sie nicht, ich erinnere mich an etwas anderes. Doch was war es, an das ich mich da erinnerte? Nichts, natürlich nichts, was man aussprechen könnte, nicht einmal unverständlich. Tatsache ist, dass ich mich nie daran erinnern konnte, wie meine Mutter aussah, aber ich erinnere mich daran, wie ich mit ihr im Bett lag: Es muss im Sommer gewesen sein, und ich wachte auf und fühlte, dass die Haut meines Gesichts ganz und gar an ihrem Arm und meine Handfläche an ihrer Brust klebte. Wie viele Jahre auch vergehen mögen, diese Erinnerung wird nie ausgelöscht werden, und ich kann mich so stark in sie hineinversetzen, genauso wie damals, als sie Wirklichkeit war, dass es mir so vorkommt, als sähe ich sie nicht aus immer weiterer Ferne, sondern als könnte ich eines Tages über diese Erinnerung hinaus wieder zur Wirklichkeit gelangen. Jetzt analysiere ich sie, gehe sie immer wieder durch; früher betrachtete ich sie einfach stundenlang.

Mir schien, als fühlte ich ein Nicht-Fühlen, als sei ein Teil von mir verloren gegangen, blind. Es war, als klebte ich an etwas, das, obwohl es mir glich, doch unendlich viel größer war als ich, etwas ohne Ende, etwas so Großes, dass ich wusste, ich würde es nie ganz umfassen können, und obwohl jenes Gefühl so köstlich war, wünschte ich mir unbändig, diesem Gefühl einen anderen Ort zu geben, es zu verlassen, und ich packte mich selbst, zog mich selbst heraus, wer weiß von wo aus, und löste mich schließlich. Ich erinnere mich an das leise Geräusch, mit dem sich meine Haut von ihrer löste, es hörte sich an wie das Zerreißen von hauchdünnem Seidenpapier. Ich erinnere mich daran, wie ich ein wenig unentschlossen war, als ich mich aufrichtete, und gewiss habe ich sie dann angesehen, und sie hat mich angesehen. Ja, ich weiß, dass sie mich ansah, dass sie mich angelächelt und mir etwas gesagt haben muss. Was es war, daran erinnere ich mich nicht mehr.

Es ist eigenartig: Wenn ich mich daran erinnern kann, was ich fühlte, warum kann ich mich dann nicht an das erinnern, was ich sah? Ich glaube, das kommt daher, dass ich später wieder und wieder Dinge gesehen, jedoch etwas, was jenem glich, nie wieder gefühlt habe.

Alle, mehr oder weniger alle, werden einmal so etwas gefühlt haben, doch wenn sie es gefühlt haben, warum reden sie nicht darüber? Ich habe selbstverständlich auch nie darüber geredet, aber wenn die anderen reden, suche ich zwischen ihren Worten nach etwas, das durchschimmern lässt, dass sie es kennen, und stoße nie darauf. Man merkt, dass sie nicht dort begonnen haben. Sie reden von anderen Dingen. Sie reden von der Mutterliebe, den Dingen, die Mütter tun oder nicht tun, doch ich sage mir immer: Damals, das war die Liebe.

Ja, doch, später haben auch andere etwas für mich getan, alle haben mich geliebt, sie haben sich aufgeopfert, wie sie sagen, aber all das hat nichts mit dem anderen zu tun. Dies hier verstehe ich nicht, und ich will es auch nicht verstehen, obwohl es klar sein sollte. Das andere war wie Wasser, wie der Himmel. Es tat so gut, dort zu sein! Und ich wollte da heraus, um besser fühlen zu können, wie schön es dort war.

Außer diesem einen kann ich mich an weiter nichts Gutes aus jenen Jahren erinnern. Nur das bedrückende Gefühl, Dinge lernen zu müssen, um andere verstehen zu können, denn die Leute reden normalerweise so, dass man anfangs nicht weiß, woran man sich halten soll. Mal geben sie einem für die geheimnisvollsten Dinge die dümmsten Erklärungen, mal verbergen sie sie, bemänteln sie mit einem unausstehlichen Rätsel.

Vier oder fünf Jahre lang habe ich, ohne es zu verstehen, gehört, dass mein Vater nach Afrika gegangen sei, um sich von den Mauren töten zu lassen. Ich verglich den Ernst, der für mich darin lag, mit der Selbstverständlichkeit, mit der die anderen es sagten, und es gelang mir nicht, beides in Einklang miteinander zu bringen. Damals dachte ich: Entweder ist es nicht so schlimm, oder es muss so sein. Und dass ich es nicht beurteilen konnte, beunruhigte mich nicht. Dass mein Vater sterben wollte, konnte ich durchaus verstehen, aber dass er sich von den Mauren töten lassen wollte, warum nur? Außerdem:

Warum sagten sie das so geheimnisvoll, mit einer so eigenartigen Betonung? Wenn ich fragte, antworteten sie mir mit einem Achselzucken oder einem Kopfschütteln, und ich schämte mich für meinen Vater oder für mich. Genau weiß ich es nicht, weil ich es nicht verstand, weil ich nicht durchschaute, was sie mir nicht erklären wollten. Die Zeitungen kamen, und ich beobachtete ihre Gesichter, wenn sie die Nachrichten lasen und zufrieden seufzten, weil sie diejenigen, die sie fürchteten, nicht vorgefunden hatten, doch dann schüttelten sie den Kopf, als wollten sie sagen: Nichts, er hat es immer noch nicht geschafft …

Ich lebte mit dem Kummer, dies nicht zu verstehen, und häufig vergaß ich es auch, doch dann fiel es mir plötzlich wieder ein, und ich hatte das Gefühl, ganz nah dran zu sein. Ich war mir derart gewiss, es von einem Augenblick zum anderen deutlich zu erkennen, dass ich rot wurde. Aber nicht, weil ich mich schämte, wurde ich rot, sondern weil ich erregt war, weil es so war, als hätte mir irgendetwas einen Schrecken eingejagt. Mein Herz machte einen fürchterlichen Satz, auf meiner Stirn breitete sich eine Hitze aus, die mir die Augen vernebelte, und obwohl mir kein klarer oder neuer Gedanke kam, fühlte ich, dass ich gerade die Wahrheit berührt hatte. Mich stießen dieses Verschleiern, diese Erklärungen, diese ständigen Erklärungen über meinen Vater und meine Mutter ab. Immer diese Sprüche: »Wenn man jemanden wirklich liebt, macht man dieses und nicht jenes; die Liebe ist nicht so, sondern anders.« Und mir blieb nichts anderes übrig, als aus meiner ganzen Verzweiflung, meinem ganzen Ekel heraus in meinem Innern zu mir selbst zu sagen: Ihr Dummköpfe, das andere, das war die Liebe!

Zum Glück war ich die meiste Zeit mit meiner Tante Aurelia zusammen, die von allen am wenigsten gern redete. Wir lebten sozusagen allein, denn die Haushälterin und die Dienstmädchen blieben meist irgendwo im Inneren des Hauses verborgen, und kaum jemand besuchte uns. Meine Lehrerin kam zeitweilig pünktlich, dann wieder erschien sie wochenlang überhaupt nicht. Genau wie der Arzt sagte sie, ich wisse zu viel, und es sei besser für mich, spazieren zu gehen als zu lernen. Meine arme Tante ging täglich mit mir spazieren, und wir schauten immer entweder vor oder nach dem Spaziergang bei meiner Großmutter vorbei. Dort fanden um das Bett herum lange Gespräche statt. Die Tanten machten Häkelspitzen und Lochstickerei: Das Zimmer quoll über von Körbchen und Stickrahmen. Ich bekam dort keine Luft, und das einzige Mittel, um schnell wieder herauszukommen, war, meine Großmutter zu fragen, ob sie eine Besorgung habe, die wir für sie erledigen könnten. Sie glaubte, ich täte dies, um ihr einen Gefallen zu tun, und sparte sich die schwierigsten Besorgungen für uns auf. Wir mussten immer die eigenartigsten Dinge an den merkwürdigsten Stellen kaufen oder mehrere Stunden damit verbringen, zu erklären, wie sie die Dinge haben wollte, die sie extra für sich anfertigen ließ. Meine Tante übernahm die Besorgung, doch ich war diejenige, die ganz genau zuhören musste, wenn der Auftrag erteilt wurde, denn alle vertrauten meinem erstaunlichen Gedächtnis.

Besonders gern ging ich in die Apotheke, denn meine Großmutter hatte für die Arzneien, die sie immer nahm, alte Rezepte, doch wegen all ihrer Wünsche und Anforderungen war man nur in der Militärapotheke bereit, sie für sie herzustellen. Dorthin gingen meine Tante und ich, und wir mussten ewig warten, bis wir den Apotheker allein zu fassen bekamen und ihm erklären konnten, dass die Medizin das letzte Mal zu viel oder zu wenig von diesem oder jenem enthalten hatte. Während dieser Wartezeit spazierte ich durch die Passage, in der sich die Apotheke befand.

So zu warten ist wunderbar, es scheint so, als wäre man nicht ganz für sich, als täte man etwas für jemand anderen, und doch ist man so frei.

Jene Passage am Anfang der Calle del Obispo machte in der Mitte eine Biegung, die sie in der Calle de la Sierra wieder herauskommen ließ. In dem Winkel, den sie bildete, gab es eine verglaste Kuppel mit vier Statuen, die die vier Jahreszeiten darstellten, und in der Mitte stand eine Statue Merkurs. Welch ein Licht fiel auf diesen geschlossenen kleinen Platz! Zu jeder Tageszeit, zu jeder Jahreszeit gab es dort ein Licht, das einen verstehen machte. Ich verstand dort, ich weiß nicht warum, die Geschichte. Die Geschichte, die ich aus den Büchern nicht gern lernte, erschien mir von dort aus betrachtet als etwas Göttliches. Wenn ich in diesem Licht zwischen den Statuen auf und ab ging, dachte ich mir, je nachdem was es für ein Tag war, etwas aus. Im Sommer, kurz vor zwölf Uhr mittags, war die Sonne gewaltig, beunruhigend, tragisch. Dann dachte ich an die Gladiatoren, die in Rom im Zirkus starben. Ich sah vor allem diejenigen, die hinfielen, wenn sie auf das Netz traten, sah die Leiber, wie sie durch die Arena geschleift wurden, und auch etwas, das ich irgendwo gelesen hatte: zwei, die gleichzeitig starben, indem sie sich gegenseitig mit ihren Schwertern durchbohrten. Unter dieser Sonne, unter diesem gleißenden Licht sah ich immer diese eine Szene: zwei nackte Männer, die sich gegenseitig im selben Augenblick töteten. Während der Siesta dachte ich an Amerika, dachte an Kolibris, an Hängematten. Ich sah eine weiß gekleidete Frau, die im Schatten eines Zuckerrohrfeldes schlief. Mitten auf ihrer Brust hatte sich ein schwarzer Schmetterling niedergelassen. Am frühen Morgen dachte ich an Griechenland, vor allem wenn die Passage gerade frisch mit Wasser besprengt worden war und kleine Pfützen zurückgeblieben waren, deren Kühle wie Musik war. Dann dachte ich vor allem an Narziss. Bei anderer Gelegenheit, wenn es regnete, dachte ich an den Bierkönig. Ich weiß nicht, warum ich ihn so nannte, noch wo ich diese Gestalt hernahm, aber sie bezauberte mich. Wenn das Licht grau war, und man das Geräusch des Regens auf der Glaskuppel hörte, sah ich ihn auf einem Stuhl mit einer sehr hohen Rückenlehne sitzen, in dessen Holz Weintrauben geschnitzt waren. Der Stuhl stand in einem riesigen Zimmer mit gotischen Fenstern, und in einer Ecke war ein kostbares Fass zu sehen, dessen Bauch so vollkommen war, dass es lebendig zu sein schien. Aber er! Ich wusste bereits bis in alle Einzelheiten, wie er aussah. Er war in Samt gekleidet, der nicht immer dieselbe Farbe hatte, doch immer mit Zobelfellen eingefasst war. Ohne diese Kleider konnte ich ihn mir nicht vorstellen. Zwei pelzbesetzte Säume fielen von seinen Schultern herab und dazwischen war seine wunderbar rosige, breite Brust in einem Spitzenhemd zu sehen, das unter dem blonden Bart einen viereckigen Ausschnitt bildete. Zwischen den Barthaaren blitzte sein Mund, wenn er lachte, vor allem aber, wenn er kleine gebackene Fische aß, die er mit den Fingerspitzen an Kopf und Schwanz ergriff. In dieser Haltung stellte ich ihn mir am häufigsten vor: Wie er an einem großen Tisch saß und einen dieser kleinen Fische aß. Er biss in den Rücken, löste das Fleisch mit den Zähnen, und immer sah ich, wie er zum ersten Mal hineinbiss, in die Mitte des Fisches wie in dessen Taille. Während er ihn aß, blickte er umher mit seinen blauen Augen, die fast lächelten, ich weiß nicht wen anlächelten, denn ich sah immer nur ihn allein in dem großen Zimmer. Manchmal saß er im Schneidersitz auf einem Kissen neben dem Fass, und ich sah zu, wie ein goldener Strahl aus dem Hahn in ein Bierglas rann, und er die Augen verdrehte wie ein Kater, der gerade einschläft.

Ich weiß nicht, ob man das, was ich mir in der Passage ausdachte, die Geschichte nennen kann. Tatsache ist, dass ich das Gefühl hatte, dort sehr viel zu lernen. Denn es gab zwar überall solche Traumbilder, doch außerhalb der Passage waren sie ganz anders. Einige leisteten mir während unserer Besuche Gesellschaft, andere vor dem Einschlafen im Bett, wieder andere in der Kirche. Die bei den Besuchen handelten zumeist von kleinen Wesen, die ich plötzlich auf irgendeinem Möbelstück oder in einer Ecke sah, in der ich manchmal unvermittelt die ideale

Umgebung für sie entdeckte. Meine Tante nahm mich häufig zu zwei unverheirateten Freundinnen von sich mit; sie waren Schwestern und schon älter. Die jüngere spielte Klavier und übte jeden Nachmittag ein paar Stunden. Wenn wir zu ihr nach Hause kamen, übte sie weiter, und ich blieb, während meine Tante mit der anderen im Salon redete, bei ihr in einer Ecke neben dem Wandschränkchen auf dem Teppich sitzen. Einmal fragte ich sie, was sie spiele, und sie sagte mir, sie übe die Fugen. Sie spielte sehr gut, ihre Musik war so leicht, so rein. Ich hörte nicht genau hin, dachte derweil an etwas anderes, doch manchmal trat eine Passage hervor, die meine Aufmerksamkeit ganz auf sich zog und mich überraschte, mich in Staunen versetzte, wie wenn man achtlos in den Himmel schaut, und plötzlich eine Sternschnuppe fällt.

Die Dinge, die ich in diesem Zimmer dachte, waren alle wie jene Fugen, lauter leichte, durchsichtige Dinge. Ich sah über den grünen, samtgepolsterten Sitz eines Sessels einen Schimmel laufen. Sein Fell war perlmuttfarben, die Augen schwarz, und er warf die Mähne mit einer Kopfbewegung zurück wie ein Mädchen. Manchmal sah ich, wie er stehen blieb und sich eine Haarsträhne, die ihm ins Gesicht gefallen war, aus dem Gesicht strich. Ja, mit der Hand, genauso sah ich es. Ich sah auch zwischen den Beinen des Wandschränkchens glänzende Flecken auf dem Holz, dunkle Ecken, ein Wechselspiel von Licht und Schatten, das einer von einer schwarzen Sonne beschienenen schwarzen Welt glich. Dort waren immer zwei winzige, weiße, durchsichtige Wesen wie Elfen, die einander umarmten und sich innig liebten.

An all dem, was ich sah, war ich nicht beteiligt, obwohl ich alles Mögliche, auch die Atmosphäre, in der es sich abspielte, spürte. Bei dem jedoch, was ich mir in der Kirche ausdachte, sah ich immer mich selbst, wie ich, ganz verändert, unmögliche Sachen machte, und doch immer ganz und gar ich war.

In allen Kirchen Valladolids hatte ich meine Lieblingsbilder und -winkel, doch in San Esteban lag ein Christus auf einem weißen, goldbestickten Kissen schlafend in einem Schrein. Ich konnte ihn nie anbeten, ich mag Gebete nicht. Nur das Vaterunser – und das ist nicht an Christus gerichtet. Dort kniete ich nieder und bemühte mich, ganz nah an diesen Christus heranzukommen, weiter nichts; ich musste dazu all meine Vorstellungskraft aufbieten. Ich trat aus mir heraus, atmete die Luft ein, die zwischen den Glaswänden, die ihn umgaben, wehte, sah seine Augen zwischen den halb geöffneten Lidern glänzen, die Mundwinkel, von denen so etwas wie ein Duft auszuströmen schien.

Gewöhnlich setzte ich mich vor dem Schrein immer auf die Mitte der Altarstufe, die sich am Kopfende befand, aber ich schaffte es nicht immer, wirklich in den Sarg hineinzugelangen. Ich stellte es mir vor, konzentrierte mich auf die Vorstellung, dort drin zu sein, mich ganz klein zu machen, um in den schmalen, freien Raum neben seinem Körper zu passen. Doch manchmal blieb es nicht nur bei der Vorstellung: Ich schlüpfte ganz und gar mit allen meinen fünf Sinnen dort hinein. Dann sah ich diese lila Schatten um seine Augen, auf seinen Wangen, auf seinen Schläfen, als würden sie sich bewegen. Sie waren dann nicht mehr nur eine Farbe oder ein Farbton, nicht mehr etwas, das einfach da war, sondern etwas, das auftauchte, das durch ihn hindurchging. Ich fühlte, wie er litt, versenkte meinen Blick in diese Schatten seiner Todesqualen wie in ein tiefes Wasser, das von Ewigkeit zu Ewigkeit aufgewühlt bleiben würde, und mein Herz schlug schneller, wenn ich mir den endlosen Aufruhr, die Qual ausmalte, die jene Schatten wie schwarze Flügel bewegte. Und dann hatte ich das Bedürfnis auszuruhen, zu schlafen und gleichzeitig zu sehen, wie sie sich bewegten, und meinen Kopf auf seine Brust fallen zu lassen, während die Schatten weiter wie Flügel zitterten.

Heute, wo ich versuche herauszufinden, wie weit meine Erinnerung zurückreicht, denke ich, dass dies damals kein Denken war, damals war es etwas anderes, etwas ganz anderes. Damals nannte ich das, was ich sah, nicht Schatten und stellte mir auch nicht vor, eine ganz bestimmte Lage einzunehmen: Ich fühlte mich dort, gab mich hin, vergaß mich dort, bis in mir etwas geschah, das nur mit dem Fließen von Tränen vergleichbar ist. Etwas weinte in mir, durch einen Punkt, der so etwas wie das Versteck der Seele war, schoss blitzschnell ein feiner Tränenstrahl. Niemals hätte ich das jemandem verraten: Es war wie ein schreckliches Geheimnis, obwohl es mich gleichzeitig mit Stolz erfüllte. Es zu verraten, hätte jedoch enthüllt, dass ich kein kleines Mädchen mehr war. Lange bevor ich sieben Jahre alt war, trug ich dieses Geheimnis in mir.

Als ich acht wurde, beschlossen sie, mich auf die Schule der Karmeliterinnen zu schicken, damit ich Umgang mit anderen Mädchen bekäme, und gerade dort wurde mein Geheimnis für mich erdrückend. Ich begann zu sehen, wie Mädchen waren.

Was mich betraf, so drückte sich meine Familie ebenso geheimnisvoll über mich aus wie über meinen Vater, als wüsste sie, was ich in meinem Kopf mit mir trug, und als wäre ich etwas so Ungeheuerliches, dass man es nicht beim Namen nennen konnte: Ich sollte lernen, ein Mädchen zu sein, sagten sie. Aber sobald ich Umgang mit ihnen hatte, graute mir vor ihnen, empfand ich Abscheu und Ekel. Sie waren diejenigen, die an der Krankheit litten, Kind zu sein. Einige schienen überhaupt nichts zu können. Alles, was sie versuchten, ging ihnen langsam von der Hand, als wären sie nicht ganz wach. Andere hingegen hatten schon alles gelernt, was zu lernen war. Der Unterricht war noch zu ertragen. Aber dieses ewige Äpfelzerteilen und In-Portionen-Ordnen! In den Pausen sah ich, wie sie Kochen spielten, und hätte sie am liebsten erschossen. Dennoch benahm ich mich ihnen gegenüber anständig. Ich habe mich niemals mit ihnen gestritten; ich starrte sie an, bis mir die Augen aus dem Kopf fielen, aber sie wussten nicht, warum.

Und obwohl ich sie so genau angeschaut habe, habe ich sie fast vollkommen vergessen. Nur eine war darunter, die ich nie vergessen werde. Dieses Mädchen war das Einzige, das wie ich ein Geheimnis hatte. Aber wir hätten uns nie miteinander verbünden können. Wir hatten nichts miteinander gemein, mein Gott, wirklich gar nichts. Wie konnte ich es später nur glauben? Dieser Gedanke war nichts anderes als der Wunsch nach Bestrafung. Es war die Buße, die ich mir selbst auferlegte. Weil sie uns auf die gleiche Art abkanzelten, weil die Wirtschafterin, ein altes Weib voller Laster und böser Gefühle, mich mit denselben Worten treffen wollte wie die Nonne, eine ebensolche Krähe, dieses Mädchen, deshalb habe ich einmal glauben können, dass es eine Ähnlichkeit gab. Doch wie konnte das bloß sein? Ich würde sie alle gern fragen, wo denn da eine Ähnlichkeit bestand. Ich werde es nie begreifen. Und dennoch tut es mir weh, macht es mich verrückt, mich an ihre Stimmen zu erinnern, die so erfahren klangen, als sie es sagten, als sie es herausspuckten.

Ich verachtete das Mädchen, es schien zu schielen, obwohl es eigentlich nicht schielte. Alles an ihm, seine Haltung, sein Körper, seine Füße, alles schielte. Es setzte sich mit vorgeschobenem Becken hin, breitbeinig, mit nach innen gedrehten Fußspitzen. Während der Handarbeitsstunden zog es sich in eine Ecke zurück und machte keinen einzigen Stich: Es leckte die Wände ab. Ich weiß nicht, was es sonst noch in der Ecke machte, aber das habe ich deutlich gesehen: Das Mädchen leckte die Wand ab, die mit vergilbten, lackierten Brettern verkleidet war. Ich empfand ein solches Grauen, als ich das sah, dass ich von ganzem Herzen wünschte, niemand würde es sehen, doch die Nonnen hatten es zweifellos bemerkt, und es war reiner Zufall, dass ich gerade über den Korridor ging, als das Mädchen getadelt wurde. Die Superiorin schüttelte es mit ihren Worten, als wollte sie es aus seiner halb schläfrigen, halb höhnischen Pose wach rütteln, goss die ganze Hölle mit all ihren grässlichen Qualen über ihm aus. Die Nonne, der unsere Klasse unterstellt war, jammerte nur. Sie strich ihm über den Kopf und sagte immer wieder: »Ich möchte so gern, dass du ein sauberes, nettes Mädchen wirst.« Und die andere, die sicherlich die war, die das Mädchen verraten hatte, hinkte den Korridor entlang, ohne zu merken, dass ich hinter ihr herging, und sagte immer wieder, nach rechts und nach links gewandt: »Wie viel Dreck gibt es doch auf dieser Welt, wie viel Dreck gibt es doch auf dieser Welt!«

Der Schmerz, den mir diese Worte verursachten, traf mich zutiefst. Ich ließ sie jedoch für mich nicht gelten, obwohl ich glaubte, ich täte es wegen der anderen. Wer hätte damals gedacht, dass ich später in meinem eigenen Haus durch den Korridor gehen und dasselbe würde hören müssen, und zwar auf mich bezogen, zwar leiser, dafür aber um so offener ausgesprochen. Denn die Haushälterin sagte: »Wie viel Dreck gibt es doch auf der Welt«, und der besondere Nachdruck, mit dem sie das sagte, schien zu bedeuten, dass sie, ließe man sie nur machen, nur einmal kräftig mit dem Besen auszuholen brauchte, um alles wieder in Ordnung zu bringen. Nicht so die Nonne; sie sagte »auf dieser Welt«, als wäre nur die andere Welt frei davon.

Wie konnte man dasselbe angesichts zweier so unterschiedlicher Dinge ausrufen? Begreife ich denn nicht, was ich tue? Werde ich irgendwann einmal die Dinge so begreifen wie die anderen? Das wäre für mich die schlimmste Strafe. Denn obwohl sie die Welt mit solchem Ekel betrachten, leben, essen, kommen und gehen die Menschen so, als wäre nichts. Ich nicht; sollte ich die Welt jemals so sehen wie sie, werde ich daran sterben. Ich will nicht einen Tag länger leben, wenn mir das bevorsteht.

Doch was habe ich zu befürchten, wo ich doch beschlossen habe, nirgendwo hinzugehen, mich zurückzuwenden und alles zu betrachten, ohne dass sich etwas ändert.

Ich bin nur ein paar Monate in die Schule gegangen und bringe den Ablauf dieser Tage manchmal durcheinander. Ich habe nur wenige Anhaltspunkte, an denen ich mich orientieren kann: Ein Kleid, das ich zu einem bestimmten Anlass zum ersten Mal anzog und zu einem anderen nicht wieder anziehen konnte, weil es mir zu kurz geworden war.

Alles änderte sich, als mein Vater zurückkam. In den Tagen, nachdem wir erfahren hatten, dass er verwundet war, kam Leben in beide Häuser. Die Nachricht kam aus dem Haus meiner Großmutter zu uns, meine Tante und ich begaben uns dorthin, und es schien, als hätten wir sofort alle etwas zu tun: auf ihn zu warten und ihn dann zu pflegen.

Ich hatte so sehnsüchtig auf seine Rückkehr gewartet! Ich dachte, er würde mir alles erklären, er würde mir bei allem, was mich interessierte, nah sein, ich dachte, ich würde, wenn ich ihn nur ansah, all diese Geheimnisse und Dramen begreifen, die er, wie ich wusste, in sich trug. Aber es war nicht so. Nicht etwa, weil er sich mir entzog, nein, er liebte mich sehr, wollte mich immer um sich haben, aber er wollte nicht, dass ich ihn fragte. Mein Blick, meine Beklommenheit taten ihm weh. Er hatte nicht den Mut, sich zu erinnern. Es war ihm nicht gelungen, sich von den Mauren töten zu lassen, aber seine Erinnerungen hatten sie getötet.

Die Kriegserlebnisse, sein Leiden im Krankenhaus, die Amputation, die grässliche Behandlung gaben ihm Gelegenheit, unaufhörlich zu reden. Ich glaube, er redete so viel, damit die anderen nicht redeten, das heißt, damit man nicht mehr redete, als er wollte.

Er hatte es sich zur Gewohnheit gemacht, die alte Jagdhündin zu seinen Füßen zu haben, und wollte, dass ihm alle wie sie ohne einen Mucks zuhörten. Die Hündin lag ausgestreckt vor ihm, hatte die Schnauze auf die Vorderläufe gelegt und rührte sich nicht. Sie schaute nur zu ihm auf, wenn er mit dem Finger auf sie zeigte. Denn die Hündin war eines seiner Lieblingsthemen. Jedem, der ihn besuchte, erzählte er die Geschichte von seiner armen Hündin, die sich schließlich an dieses trockene Land gewöhnt hatte, denn sie war ein sehr edler Setter. Anfangs hatte er geglaubt, sie würde ihm auf den staubigen Straßen wegsterben. Er erzählte, wie es ihm einmal gelungen war, sie bis zu einer Pfütze zu schleppen, wie er sie dort zurückgelassen hatte, weil er glaubte, sie sei tot, und wie sie ihn kurz darauf wieder eingeholt hatte. Er erzählte auch von den Schakalen, deren Geheul er nachts im Lager hörte. Denn die Mauren fingen sie mit Stricken und packten sie dann am Nackenfell und am Schwanz und warfen sie auf den Stacheldrahtverhau.

So verging der Winter. Während seiner Genesungszeit war immer jemand da, der ihm Gesellschaft leistete und ihn unterhielt. Später begann er dann auszugehen und zu sagen, er könne die Stadt nicht ertragen. Er sagte, es sei das Klima, aber ich wusste, dass es etwas anderes war. Er sagte, es fiele ihm schwer, mit den Krücken über die Straße zu gehen, er könne mit der linken Hand nichts machen, er brauche einen Ort, an dem er an der frischen Luft sein könne, ohne sich bewegen zu müssen. Zu guter Letzt beschloss er, Valladolid zu verlassen, das Haus, das wir in Simancas besaßen, einzurichten und sich dort für immer einzuschließen.

In den ersten Apriltagen fuhr meine Tante mit dem Dienstmädchen hin, und kurz darauf folgten mein Vater, die Haushälterin und ich.

Wir brachen am frühen Morgen auf und kamen etwa um ein Uhr dort an. Es war sehr heiß.

Meine Tante hatte in meinem Zimmer eine Überraschung für mich vorbereitet: eine Amsel in einem Käfig aus Rohrgeflecht. Ich habe den ganzen Tag nichts anderes getan, als sie anzusehen. In einer Vase standen üppige, stark duftende Rosen, und jedes Mal, wenn ich mich an diesen Tag erinnere, sehe ich den schlanken, schwarzen Vogel vor dem Rosa, dessen Duft das ganze Haus erfüllte.

Solange dieser Duft anhielt, war auch das Neue da, blieben die Reise und der Umzug gegenwärtig, lebten wir in dieser angenehmen Unordnung, die die Zeit mal schneller und mal langsamer vergehen lässt. Doch dann musste ich mich eingewöhnen, denn unser Leben veränderte sich vollständig, ohne dass es dafür einen besonderen Grund gegeben hätte. Natürlich konnten wir nicht mehr das tun, was wir in Valladolid getan hatten, aber das war nicht die einzige Veränderung. Es gab eine verwirrende Veränderung: Ich hatte aufgehört, der Mittelpunkt des Hauses zu sein.

Sobald wir in Simancas waren, brauchte mein Vater keine besondere Pflege mehr, dennoch widmete meine Tante mir nie wieder so viel Aufmerksamkeit wie vor seiner Ankunft.

Es fiel mir eines Abends auf, als ich mir die Lockenwickler eindrehte. Es fing an, mich zu ermüden, immer die Arme hochzuhalten, und da wurde mir klar, dass meine Tante mir früher immer beim Zubettgehen geholfen hatte. Während der Tage, an denen es meinem Vater noch schlecht ging, hatte ich begonnen, es allein zu machen, weil meine Tante nicht einen Augenblick von seiner Seite wich, und später hatte sie mir nie wieder dabei geholfen, ich hatte sie allerdings auch nie darum gebeten. Von diesem Augenblick an begann ich zu entdecken, dass es in vielerlei Hinsicht Veränderungen gegeben hatte. Ich kann nicht behaupten, dass ich vernachlässigt wurde, doch ich besaß jetzt eine Freiheit, die ich vorher nicht gehabt hatte.

In Valladolid war ich nie allein aus dem Haus gegangen. Meine Tante hasste das Leben auf dem Lande. Für längere Zeit in Simancas zu bleiben, bedeutete ein großes Opfer für sie. Sie ließ sich nicht wirklich darauf ein, unser Leben der neuen Umgebung anzupassen. Wir waren wie auf der Durchreise und führten weder das Leben der drei oder vier vornehmen Familien, noch ließ sie mich mit den Mädchen aus dem Ort verkehren. Sie tat so, als merkte sie nichts, als wollte sie sagen, du kannst ruhig ausreißen, wenn du willst, was soll hier schon gefährlich sein. Aber ich riss nicht aus. Ich suchte nur hin und wieder einen Vorwand, um aus dem Haus zu gehen: zum Laden, um einen Bleistift zu kaufen oder etwas Ähnliches, und ich hielt mich damit nur wenig länger als notwendig auf.

Ich war so verwirrt, dass ich manchmal das Gefühl hatte, ich würde noch blöd. An allem, was mich vorher beschäftigt hatte, verlor ich das Interesse. Ich quälte meinen Vater nicht mehr mit meinen fragenden Blicken, ich nahm meine Bücher nicht mehr zur Hand, vergnügte mich nicht mehr mit meinen einstigen Fantasien. Wenn ich mich daran erinnerte, erschienen sie mir wie Kindereien, und Tatsache ist, dass das, was ich jetzt im Kopf hatte, nicht sehr bedeutende Dinge waren. Wenn mich meine Erinnerung nicht täuscht, dachte ich damals nur ans Essen. Ich stand früh auf und wartete an der Tür auf den Bäcker. Mein Frühstück dauerte für gewöhnlich eine Stunde. Mein Vater frühstückte im Bett, und meine Tante trank nur einen Schluck Kaffee. Ich blieb allein im Esszimmer und aß so lange in Milch getunktes Brot, bis ich nicht mehr konnte. Dann ging ich in den Garten, goss etwas Wasser in die vier Blumentöpfe, die dort herumstanden, und schaute mir die Kaninchen an. Ich verbrachte die leeren Stunden damit, dem leisen Geräusch zu lauschen, das sie beim Nagen an den Kohlstrünken machten. Das war mein Zeitvertreib. Im besten Falle machte ich mir manchmal aus einem Seil, das von einem Dachbalken herunterhing, eine Schaukel.

Gegen halb elf bat ich am Küchenfenster um ein Wurstbrot und aß es auf der Schaukel. Wenn um zwölf die Hähne zu krähen anfingen, hatte ich schon wieder wahnsinnigen Hunger.

Sobald unser Hahn anfing zu krähen, bemerkte ich, dass ich so etwas wie Magengrimmen hatte, es kam mir so vor, als ob sein Krähen mir dieses hohle Gefühl verursachte.

Manchmal fingen die Hähne in der Ferne an zu krähen, manchmal war es das rostige Scharnier eines Scheunenfensters, das quietschte, wenn der Wind es bewegte: es war dem Krähen eines Hahnes so ähnlich, dass alle anfingen zu krähen. Unser Hahn saß fast immer hoch oben auf dem Stamm eines Feigenbaums, und ich sah, wie er diese ängstlichen Bewegungen machte, das goldene Brustgefieder schüttelte, wie sich eine Höhlung im Kropf bildete, wenn er den Hals reckte und mit den Flügeln schlug, als wollte er nach etwas greifen. Und dann musste ich vor Hunger fast weinen.

Meine Tante merkte, dass ich immer dicker wurde, und selbstverständlich freute sie sich darüber, doch andererseits gab sie nur ungern zu, dass das Leben, das wir führten, auch etwas Gutes mit sich brachte. Hin und wieder sagte sie: »Dieses Mädchen tut den ganzen Tag lang überhaupt nichts. Früher musste man ihm die Bücher mit Gewalt wegnehmen, doch seit wir hier sind, hat es sie nicht mehr angerührt: Das Mädchen wird verdummen.« Ich zuckte mit den Schultern und lachte, um sie zu beruhigen. Innerlich dachte ich jedoch ganz ernsthaft: Ich scheine wirklich zu verdummen.

Nur ich allein wusste, dass das, was mich verdummen ließ, nicht das Fehlen von Büchern war. Es war ja nicht so, dass ich früher immer gelernt hatte und jetzt nichts tat, sondern dass das Nichtstun jetzt anders war. Früher legte ich auf dieses Nichtstun mehr Wert als auf alles andere. Der Kampf, mich aus dem Bett zu bekommen, dauerte täglich einen halben Vormittag lang. Mich vom Balkon, vom Hof oder aus irgendeiner Ecke, in der ich spielte, wegzuholen, mich zu einer vernünftigen Zeit ins Bett zu bringen – jedes Mal war es der gleiche Kampf gewesen. Weil ich nämlich wütend wurde, wenn ich gerade nichts tat und man mich dabei störte. Seit ich in diesem Dorf gelandet war, ließ mich das alles kalt: Ich stand auf, ohne dass mich jemand weckte, und wenn es dunkel wurde, wollte ich schon wieder ins Bett.

Merkwürdig: Meine Tante, die sich immer über meinen Ungehorsam beschwert hatte, war von meiner Folgsamkeit richtig irritiert. Wenn jemand mein gutes Aussehen lobte, sagte meine Tante: »Ja, sie ändert sich gerade.« Und das wollte bei ihr viel heißen, denn ihr Lieblingssprichwort war: »Das Alte ist nicht immer gut, das Neue selten besser.«

Sie war nicht etwa eine Schwarzseherin, sie war einfach nur müde. Wenn ich krank geworden wäre, hätte sie siebzehn Nächte an meinem Bett ausgeharrt. Mich aber so vor Gesundheit strotzen zu sehen, strengte sie an.

Wenn sie beim Mittag- oder Abendessen darüber sprach, was man mit mir machen sollte, hörte ich ihr völlig gleichgültig zu. Wäre es besser, mich bei den Karmeliterinnen ins Internat zu stecken? Wäre es besser, sich etwas mehr um meine Gesundheit als um meine Bildung zu kümmern? Wäre es besser, eine Lehrerin nach Simancas kommen zu lassen? Dies wurde verworfen, denn weder mein Vater noch meine Tante hätten es ertragen, mit einer Fremden unter einem Dach zu leben.

Das Bequemste schien letztlich zu sein, dass die Lehrerin im Dorf mich nachmittags nach Schulschluss eine Stunde lang unterrichtete.

Es wurde alles genau wie in der Stadt gehandhabt. Mit der Lehrerin wurde vereinbart, dass sie von fünf bis sechs Uhr ins Haus kommen sollte, und in meinem Zimmer wurde ein Tisch mit Büchern vorbereitet, die aus den Tiefen einer Truhe hervorgeholt wurden. Damit, so schien es, könnte ich an mein Leben in Valladolid anknüpfen, doch es ging nicht. Diese Person war mir so fremd! Als ich klein war, hatte ich meiner Lehrerin gegenüber nie Fremdheit gespürt, im Gegenteil, sie schien mir vielmehr der Mensch zu sein, der mich am besten verstand, und das Gerede meiner Familie über sie ließ mich sie verstehen.

Es scheint mein Schicksal zu sein: Ich muss immer wieder hören, wie über die Menschen, die ich liebe, gelästert wird. Sie sagten, dass sie aus einer verarmten, adligen Familie stamme, dass sie in alle vier Himmelsrichtungen gereist und ein Blaustrumpf sei. Ich war bereit, sie in allem nachzuahmen. Dennoch vergaß ich sie. Nein, ich hatte sie nicht vergessen, ganz im Gegenteil, ich erinnerte mich ständig an sie, verglich sie mit der anderen, doch schließlich interessierte ich mich auch für die Neue, obwohl sie mir nie wirklich sympathisch wurde.

Die ersten Unterrichtsstunden waren für mich ebenso quälend wie für sie: Fragen und Antworten, die sich allmählich aufbrauchten, und jedes Mal, wenn ein Buch zugeschlagen wurde, geschah dies mit einem Seufzer der Erleichterung. Dann eine dem Kampf mit der Schönschrift geweihte halbe Stunde. Sie diktierte mit monotoner Stimme, und ich schrieb so schnell, dass ich immer fertig war, noch bevor ihre Worte verklangen. Mit dem Ergebnis, dass meine Schrift unleserlich und meine Rechtschreibung ohne Sinn und Verstand war. Daraufhin bemühte sich die arme Frau, mir beides beizubringen, und merkte selbst, dass ihre Erklärungen mir dumm vorkamen. Sie verlor den Mut, nahm den Federhalter und zeigte mir, wie ich es machen sollte. Sie sagte: »Wenn du wenigstens langsam schreiben würdest. Du musst den Buchstaben eine Form geben«, und aus ihrem Federhalter flossen Buchstaben, die alle die gleichen runden Bäuche hatten. Ich wollte sie nicht entmutigen, war aber entschlossen, so nicht weiterzumachen. Ich versuchte tausendmal ein Gespräch mit ihr anzufangen, das mir eine Ahnung von ihren Vorlieben oder ihren Fähigkeiten geben sollte: vergebens. Die Arme versteckte sich, weil sie wusste, dass ihre Bildung sehr gering war, und weil sie ihre Autorität nicht verlieren wollte, wenn sie Fehler machte.

Eines Tages kam sie schließlich mit einem großen, notdürftig eingewickelten Paket an, das sie auf einem Sessel liegen ließ. Als sie weggehen wollte, sagte ich ihr, ich könne ihr ein besseres Papier geben und bot an, ihr beim Einpacken zu helfen: Es waren die Handarbeiten der Mädchen aus der Schule, die sie mit nach Haus nahm, um sie zu kontrollieren …

Das eröffnete mir eine Möglichkeit, meine Lehrerin neu zu sehen, und eine neue Welt, eine Vielfalt von Arbeiten, die mir zwar nicht unbekannt waren, die ich jedoch selbst noch nie gemacht hatte. Endlich konnten wir miteinander auskommen, indem jede von uns ihren wirklichen Platz einnahm. Ich sagte ihr immer wieder, dass ich von all dem nichts verstand, und sie, die sich endlich als Lehrmeisterin für etwas fühlte, zeigte mir jedes Stück, holte aus ihrem Paket die absurdesten Dinge hervor: Nähkissen, Beutelchen für Kämme, alles aus gepolstertem Leinen und mit farbigem Garn bestickt.

Am nächsten Tag endete der Unterricht gleich zehn Minuten nach Beginn der Stunde: Ich fing sofort an, von den Handarbeiten zu sprechen, und bat die Lehrerin, mir eine Liste von allem aufzustellen, was man aus Valladolid dafür besorgen lassen müsste. Damit verging der ganze Nachmittag.

Dann hatte ich zwei Tage lang zu Hause Diskussionen darüber zu führen, dass sie mich in die Schule gehen lassen sollten, damit ich mit den älteren Mädchen Handarbeiten machte. Am dritten Tag hatte ich gewonnen: Um mir nicht noch länger zuhören zu müssen, sagten sie, ich solle tun, was ich wolle, und ließen sogar die Utensilien kaufen, die ich brauchte. Die Bücher gerieten wieder in Vergessenheit. Ich war weder anspruchslos noch fleißig, noch riss ich mich darum, zu lernen, aber trotzdem fühlte ich mich mit Menschen erst wohl, wenn ich es geschafft hatte, sie auf ein Gebiet zu führen, auf dem sie besser Bescheid wussten als ich: Gelang es mir nicht, blieben sie uninteressant für mich. Gleichgültig worum es sich handelte, selbst wenn es etwas war, das ich selbst niemals machen würde: Wenn ich einen Tischler ein Brett hobeln, den Fleischer mit einem Messer den Knochen aus dem Fleisch lösen sah, und sie taten es mit wahrhafter Meisterschaft, erfüllte es mich mit einer solchen Bewunderung, einem solchen Wohlgefühl, dass ich es nicht anders in Worte fassen konnte als mit dem Satz: »So macht man die Dinge, wie Gott es einem befiehlt.« Als ich entdeckte, dass die Lehrerin solche Meisterwerke fabrizieren konnte, hatte ich etwas, worüber ich mit ihr reden konnte. Ich fragte sie nach allen Handarbeiten, die ich meine Tanten hatte machen sehen, und sie kannte sie alle. Dort, im Haus meiner Großmutter, in diesem grässlichen Zimmer, in dem nur in böswilligen Andeutungen gesprochen wurde, erschienen mir die Körbchen und Stickrahmen wie ein dummer Schwindel. Manchmal schaute ich einer meiner Tanten über die Schulter, und was ich sah, war für mich kein Geheimnis: Ich war genauso geschickt wie sie alle, aber ich war nicht daran interessiert, es zu beweisen. Bei meiner Lehrerin hingegen machte es Spaß, mir etwas von ihr beibringen zu lassen, es gefiel mir zuzusehen, wie sie die Sachen anfing und beendete, wie sie die mit farbig abgestuftem Stickgarn gemachten Stiche miteinander verband, wie sie bei der Weißstickerei die erhabenen Teile herausarbeitete. Vor allem dabei bewunderte ich sie. Woher nahm sie diese Geschicklichkeit, um die Schlingen der Stiche so genau zu machen, dass sie sich zu den geschwungenen Initialen in englischer Schrift fügten, die sie auf Taschentücher stickte, zu den Blumen, bei denen die eine Hälfte des Blattes erhaben, die andere flach war? Sie bereitete zuerst eine Füllung aus genügend dicken Stichen vor und bedeckte diese dann von einer Seite zur anderen mit dem glänzenden Baumwollfaden. Sie begann mit Halbmonden, die zur Mitte hin dicker und zu den Enden hin schmaler wurden und polierte sie dann mit einem Pfriem aus Elfenbein. Mit welcher Zärtlichkeit sie sie glattstrich! Sie sahen nachher wie Perlen aus, wie Bonbons, sie glänzten so sehr in der Sonne, dass man ihr Weiß kaum anschauen konnte.

Ich war monatelang davon hingerissen: unglaublich, aber so war es.

Die Ferien kamen, und nur zwei ältere Schülerinnen und ich gingen weiterhin nachmittags zur Lehrerin und stickten mit ihr unter der Weinlaube in ihrem Garten. Wir sprachen kaum. Die Wiedehopfe hüpften auf der Lehmmauer umher, als wäre niemand anwesend. Wenn wir unsere Arbeit gemacht hatten, aßen wir Weintrauben und Brot, die die Lehrerin uns als Entgelt für die Gesellschaft gab, die wir ihr leisteten. Dann stiegen die beiden Mädchen und ich zu den Booten am Fluss hinunter und setzten uns auf einen Strohhaufen, bis es dunkel wurde.

Sie setzten sich immer rechts und links von mir, aber sagten bald, dass sie, wenn ich dabei sei, über gewisse Dinge nicht reden könnten, da ich noch klein sei. Ich sagte ihnen: »Seid doch nicht blöd, und redet, wovon ihr wollt.« Sie redeten schließlich immer von dem, was sie ihre Streiche nannten. Manchmal interessierte mich, was sie sagten, manchmal langweilte es mich, weil sie tausendmal dasselbe wiederholten. Dann ließ ich mich rücklings ins Stroh fallen und sah, wie allmählich die Sterne auftauchten.

Am ersten September machte die Schule wieder auf, und alles begann wieder so normal, dass es den Anschein hatte, es würde immer so weitergehen, aber Mitte des Monats änderte sich alles – einfach nur durch einen Wetterwechsel. Ein gewaltiges Gewitter brach los. Morgens passierte nichts Ungewöhnliches, aber nach zwölf Uhr begann man über Valladolid grauen Himmel zu sehen, und die Wolke rückte Stück für Stück im Tal voran. Dann kam eine andere hinter dem Hügel hervor, und als beide über Simancas aufeinander stießen, schien es so, als würde kein Stein auf dem anderen bleiben.

Im Klassenzimmer machte sich das Gewitter in der Unruhe der Mädchen bemerkbar. Die Lehrerin schlug mit dem Lineal auf den Tisch, schrie gewaltig herum, um sie zum Schweigen zu bringen, und war schließlich genauso erregt wie die anderen. Bis der erste Donner ertönte, noch in der Ferne, aber deutlich genug, um die zwieträchtige Stimmung zu verscheuchen: Da wurde dem Gewitter die Schuld gegeben, eine Kerze angezündet und gebetet, während der Donner immer lauter wurde, bis er über unseren Köpfen krachte. Nach ein oder zwei Donnerschlägen, die blechern klangen, begannen dicke Regentropfen schräg an die Fensterscheiben zu prasseln, die ersten flogen noch wie Pfeile vorbei, dann bildeten sie einen dichten Vorhang.

Die Mädchen drängten sich an den Fenstern, um die

reißenden Bäche fließen zu sehen, die vor der Schule entstanden, und es war unmöglich, sie zu beruhigen. Die Lehrerin hatte die Hände an den Kopf geschlagen, sie war völlig hilflos und wandte sich plötzlich an mich: »Leticia, mein Kind, erzähl ihnen eine Geschichte.« Und noch bevor ich geantwortet hatte, rief sie den Mädchen zu: »Seid still, Kinder, Leticia wird euch eine Geschichte erzählen! Still, Kinder!« Und das zehnmal nacheinander.

Nachdem es still geworden war, erzählte ich eine Geschichte und dann noch eine. So verging der Nachmittag, bis die Bäche in die Straßengräben abgeflossen waren und man hinauskonnte. Am nächsten Tag wiederholte sich alles haarklein, und als die Lehrerin rief »Still, Kinder, Leticia wird euch eine Geschichte erzählen«, gab es wieder ein Riesendurcheinander, weil einige wollten, dass ich dieselben Geschichten wie am Vortage erzählte, und andere neue hören wollten. Da flüsterte eines der größeren Mädchen der Lehrerin etwas ins Ohr, und sie rief, ohne weiter zu überlegen, während sie mit dem Lineal auf den Tisch schlug: »Ruhe, Kinder, Leticia wird singen.«

Das beruhigte sie noch mehr, und bis zum 1. Oktober liefen die Nachmittage immer so ab: Erst wurde geschimpft, dann wurde gebetet, und hinterher wurde gesungen.

Als die Gewitter vorbei waren, wurde nachmittags wieder ernsthaft gearbeitet, und ich kehrte auf meinen Schemel auf dem Podest neben der Lehrerin zurück.

Eines Tages, als das Getuschel der Mädchen nicht zu laut war, sagte die Lehrerin zu mir:

»Weißt du, was ich gerade überlege, Leticia? Du solltest Musikunterricht haben. Du hast so ein gutes Gehör.«

Ich rief aus:

»Das wäre zu schön, aber wo soll ich denn hier Unterricht nehmen?«

»Das werden wir schon sehen. Ich kenne eine Dame, die anderen Mädchen schon Musikunterricht gegeben hat. Es ist die Frau des Archivars. Ich werde mit dir zu ihr gehen. Bitte du deinen Vater um Erlaubnis.«

Bei solchen Gelegenheiten merkte ich, dass die Atmosphäre bei mir zu Hause täglich angespannter wurde. Wenn ich versuchte, irgendeine Veränderung vorzuschlagen, löste das sogleich heftiges Unbehagen aus. Allein bei etwas so Einfachem wie diesem, schienen die Blicke, mit denen sie mir antworteten, gleich zu sagen: »Wie kommst du denn darauf? Das fehlte gerade noch ...!« Dabei fanden sie es nicht einmal so übel. Ich sah nur, dass meine Tante vor allem deshalb so verzweifelt war, weil sie keine Gründe fand, die sie mir entgegenhalten konnte. Ihre Blicke waren schon ängstlich, wenn ich anfing zu sprechen, noch bevor sie wusste, was ich sagen würde, und wenn ich fertig war, sagte sie völlig hilflos: »Mach, was du willst.« Mein Vater stieß nur zwischen den Zähnen hervor: »Frag deine Tante.«

Ich verstand nicht, was mit ihnen los war. Sicher wollten sie aus Egoismus keine Beziehungen zu Leuten haben, die sie nicht interessierten und die hin und wieder ungelegene Besuche bei ihnen machten, zudem war deutlich zu spüren, dass sie unzufrieden waren. Ständig musste ich mir ihr Gejammer darüber anhören, dass ich das

Lernen aufgegeben hatte, und ihre Prophezeiungen, dass ich am Ende die Umgangsformen der Trampel annehmen würde, mit denen ich zusammen war. Aber hinter all dem lag so etwas wie die Vorahnung eines Unglücks, und das ärgerte mich. Ich war so ruhig, meiner selbst so sicher. Und wenn ich an ihre Ängste dachte, fühlte ich eine Art Leere im Kopf, als würde ich ohnmächtig. Schließlich schüttelte ich jedoch das Schwindelgefühl von mir ab und machte, was ich wollte.

Mein Musikunterricht wurde auf ein Minimum beschränkt. Am Donnerstagnachmittag nahm mich die Lehrerin mit zu Doña Luisa, und dort gab es alles, was ich mir nur wünschen konnte. Doch nicht zu diesem Zeitpunkt: Doña Luisa hatte einen drei- oder vierjährigen Jungen am Rockzipfel hängen und einen wenige Monate alten Säugling im Arm. Sie sagte uns, sie habe tatsächlich einige Mädchen auf die Konservatoriumsprüfungen im Singen nach Noten vorbereitet, doch nach der Geburt ihres Sohnes könne sie nicht mehr so viel arbeiten. Der Säugling müsse noch ein paar Monate älter werden, dann sei sie bereit, wieder anzufangen. Sie sagte mir auch, dass sie dennoch keinen Tag verstreichen lassen könne, ohne nicht mindestens eine halbe Stunde Klavier zu spielen, und daher eine Gruppe von Mädchen gebildet habe, denen sie bei Anbruch der Dunkelheit Chorlieder und Novenen für die Kirche beibrachte, und dass ich gern kommen und mit ihnen singen könne, um mich allmählich einzugewöhnen. Ich werde nie vergessen, wie sie beim Abschied an der Tür zu mir sagte: »Wenn du willst, kannst du ab morgen so gegen sechs

Uhr kommen. Na ja, du kannst jederzeit kommen, auf Wiedersehen, Liebling.«

Als ich hörte, wie sie »auf Wiedersehen, Liebling« sagte, merkte ich, dass sie nicht aus Kastilien stammte. Ihre Ungezwungenheit bezauberte mich. Sie war nicht elegant wie einige Damen in Valladolid, die ich bewunderte. Ich weiß nicht, ob man dieses Wort hier anwenden kann, aber ich würde sagen, sie war mondän. Ich weiß, dass ich diesem Wort einen Sinn gebe, den es normalerweise nicht hat: Für mich heißt mondän, dass sie nicht wie meine ganze Familie die Manie hatte, sich nicht zu rühren. Sie wirkte auch nicht wie eine Weitgereiste, wie meine erste Lehrerin. Nein, sie war eine Prinzessin, sie hatte etwas Unternehmungslustiges. Sie trug ein weites Kleidchen, das überall aufging, und Pantoffeln aus rotem Taft, die ihre Fesseln noch knochiger aussehen ließen.

Das war mein Eindruck, als ich sie beim Weggehen an ihrer Haustür sah. Um ihre riesigen grauen Augen herum lag ein dunkler, blaugrüner Schatten. Allein wegen dieser Augen konnte man sie schön nennen, und sie war es wirklich. Sie war auf reizvolle Art schlecht frisiert und so schlank, dass es aussah, als zöge sie nicht nur ein Kind, sondern zehn auf einmal groß.

Damals schien mir, als verabschiedete sie sich mit einem sehr freimütigen, offenen Blick. Später sah ich, dass ihr Gesicht immer den gleichen Ausdruck hatte. Er änderte sich nur manchmal, in einigen schlimmen Situationen, in denen er von Freimütigkeit zu Grobheit umschlug, und ihre Stimme, die normalerweise sanft war, schrill wurde. Ich sah diesen Ausdruck bei ihr nur vorübergehend einige Augenblicke lang, doch heute bin ich mir sicher, dass er für immer so geblieben ist. Diesen vertrauensvollen Blick wird sie nie wieder haben. Zumindest weiß ich, dass er verschwunden ist. Das Haus wird allerdings noch genauso aussehen. Wie ist das nur möglich! Und vorher, vor all dem, war es da auch schon so? Wenn ich darüber nachdenke, werde ich ganz mutlos. Diese Einsamkeit macht mich verrückt. Dass ich mit meiner Verzweiflung hier bin, und andere mit ihrer Verzweiflung woanders, und dass die Dinge gleichzeitig so geblieben sind, wie sie waren. Weil ich dann denke: Dieses Licht von damals, diese Stimmung bedeuteten eigentlich gar nichts, sie waren nicht für mich gemacht.

Ich kannte das Haus, weil ich auf der Straße daran vorbeigegangen war. Mir war die Fassade aus dunklem Stein aufgefallen, die unten zwei vergitterte Fenster zu beiden Seiten der Tür und oben vier nebeneinander liegende Öffnungen besaß, die ein durchgehender Balkon verband, dessen Geländer an den Ecken goldene Kugeln schmückten. An der Dachtraufe nur ein ganz einfacher Sims. Doch die Eingangstür ... Nicht einmal später, als ich es gewohnt war, täglich dort einzutreten, verlor sich der Eindruck, den das Licht machte, wenn man bei der Tür ankam. Obwohl ein quadratisches Vestibül den Eingang bildete, war das Anziehende am Haus ein breiter Gang mit einer gewölbten Decke, der im Vestibül begann und durch das ganze Haus ging. Am Ende lag ein glasüberdachter Wintergarten, der ganz und gar von einem Weinstock überwachsen war, und von der dunklen Straße aus sah der Gang wie ein von grünem Licht erfüllter Tunnel aus. Bevor ich wusste, dass ich dieses Haus einmal betreten würde, erschien mir, wenn ich dort vorbeiging, sein Eingang wie der Eingang zum Paradies. Ich ging immer langsam vorbei, um ihn mir anzusehen, einen Blick mit ihm zu wechseln, denn es kam mir so vor, als würde er mich wie ein Auge ansehen.

Am nächsten Tag ging ich noch vor sechs Uhr hin: Ich war verrückt vor Ungeduld. Doña Luisa zeigte mir das ganze Haus, noch bevor ich mir anmerken ließ, wie sehr es mich interessierte. Aber sie sagte, sie tue es, damit ich wisse, was wo sei. Sie sagte mir: »Schau, dort unten im linken Flügel sind nur zwei Zimmer, eines geht zur Straße, das andere zum Garten. Beide sind nur für meinen Mann, denn sonst lassen ihn die Kinder nicht lesen.« Sie öffnete die Tür zum zweiten ein wenig, und ich sah einen Tisch voller Bücher, ein Sofa und zwei Ledersessel. Sie führte mich weiter: rechts vorn das Empfangszimmer und hinten das Esszimmer und die Küche. Der Wintergarten zog sich quer durch das ganze untere Stockwerk, war jedoch durch eine Zwischenwand geteilt, damit der Essensgeruch nicht auf die linke Seite drang.

Doña Luisa sagte zu mir: »Jetzt wirst du die Rumpelkammer sehen.« Wir stiegen eine Steintreppe hinauf, die in die eine Wand des Vestibüls gehauen zu sein schien, und oben, wo der hintere Teil genauso aufgeteilt war, zeigte sie mir ihr Zimmer, in dem rechts die Bettchen der Kinder standen, und links ein Zimmer, in dem es alles Mögliche gab: Schränke, Kleiderständer, Badewannen. Das Zimmer der Dienstmädchen lag auf dem Dachboden.

Als sie die Tür öffnete, die sich in der Mitte des Podestes befand, in das die Treppe mündete, sagte sie: »Dies ist der Salon mit dem Flügel.« Ich ließ meinen Blick durch den Raum schweifen und sagte aus tiefstem Herzen: »Wie schön!«

Einen solchen Salon hätte niemand erwartet. Er war riesig, nahm die ganze Front mit ihren vier Balkontüren ein und war vollkommen leer: kein Stuhl, keine Gardine, kein Nagel an der Wand. Nur rechts in einer Ecke der Flügel mit seinem Hocker. In der Mitte eines Deckenbalkens steckten noch die Reste eines Hakens, an dem man eine Lampe aufhängen konnte, aber der Haken war abgebrochen, und das Kabel war eingeholt und über der Tür zu einem Knäuel zusammengerollt worden.

Ich hatte das gesagt, damit sie sah, dass ich die Wahrheit sagte. Außerdem hätte sie es nie bezweifelt, denn sie empfand es genauso. Wir schwiegen beide, wussten nicht, was wir noch sagen sollten. Ich hatte die Arme vor der Brust verschränkt und lehnte an der Wand. Sie versuchte die ständig zappelnden Kinder im Zaum zu halten. Doch dann gelang es mir, den Kleinen aus den Armen seiner Mutter in meine überwechseln zu lassen, so dass sie sich etwas recken konnte: Sie strich ihr Kleid glatt, entwand ihren Rock den Händen des anderen. Sie wirkte wie ein kleines Mädchen.

Plötzlich hörten wir Schritte am Eingang. Doña Luisa beugte sich über das Treppengeländer und rief: »Seid ihr es? Kommt rauf, Kinder!«

Zwei Mädchen kamen herauf, die ich schon kannte, hinter ihnen das Kindermädchen mit einer Schachtel

Streichhölzer. Es nahm die beiden Kinder und ging mit ihnen zur Treppe.

Doña Luisa zündete die Kerzen auf dem Flügel an, stellte einen Stoß Papiere auf die Notenablage, setzte sich und sagte: »Das Salve.«

Nach einigen Akkorden fingen die Mädchen an zu singen, doch bald schon unterbrach Doña Luisa ihr Spiel. Die Mädchen brachten die Worte nicht richtig mit der Musik in Einklang. Natürlich sangen sie, ohne zu verstehen, was sie sangen. Ohne ihnen etwas zu erklären, zeigte sie ihnen nur, wie lange jede Silbe zu dauern hatte. Sie begannen aufs Neue, und als sie bereits bei der Hälfte angelangt waren, hörte ich auf einmal Schritte, die sich hinter mir auf Zehenspitzen näherten. Doña Luisa sagte, ohne sich zu unterbrechen: »Welcher Eifer, Kinder, welcher Eifer, Kinder!« Die vier Mädchen, die dazukamen, stellten sich neben die anderen und fingen an zu singen, versuchten, so gut es ging, mit einzustimmen.

Mein Leben teilte sich zwischen der Schule und diesem Haus auf. Was an den Vormittagen geschah, weiß ich nicht mehr. Sobald ich den Stickrahmen genommen und mich neben die Lehrerin gesetzt hatte, fing ich an, ihr zu erzählen, was ich im Haus von Doña Luisa am Tag zuvor gemacht hatte. Es war schon zur Gewohnheit geworden, dass ich einige Minuten nach fünf dort ankam, genau so viel Minuten später, wie ich von der Schule bis dorthin brauchte, wenn ich rannte. Und bis die anderen Mädchen kamen, half ich Doña Luisa bei den zehntausend Dingen, die sie zu tun hatte. Normalerweise kochte sie. Sie bereitete die Sachen vor, um sie nach dem Ende der Musikstunde fertig zu machen. Ihre Köchin kochte sehr schlecht, während sie wunderbare katalanische Gerichte zubereitete. Nachdem ich sie der Lehrerin erklärt hatte, versuchte diese sie in ihrer Küche nachzukochen und sagte mir am nächsten Tag, wie das Ergebnis gewesen war, damit ich Doña Luisa auf das hin ansprach, was noch nicht geklappt hatte.

Aber wir hantierten nicht nur in der Küche herum. Wir naschten ständig. Ich hatte das bei mir zu Hause nie gemacht, und sie brachte es mir bei. Was auch immer es war, wir probierten alles, sogar Sachen, bei denen man nie auf den Gedanken gekommen wäre, sie zwischen den Mahlzeiten zu essen. Wenn sie weiße Bohnen mit Filetstückchen und Petersilie kochte, machte sie immer mehr, als in die Schüssel passte, und was übrig blieb, aßen wir beide mit einem Nachtischlöffelchen. Sie suchte die Filetstückchen heraus und gab sie alle mir, und wenn sie die Füllung in die Teigtaschen tat, in jede einen Pinienkern, eine Olive, eine Rosine, gab sie mir etwas davon und ihrem Sohn, der an den Tisch kam und den Mund aufriss wie ein kleiner Spatz. Später, wenn sie das Öl erhitzte, briet sie Brotstückchen für die Mädchen.

Die Köchin schalt sie manchmal, denn sie sagte, sie nasche in der Küche so viel, dass sie hinterher bei Tisch nichts esse; deshalb sei sie so dünn. Doña Luisa sah sie dann mit großen Augen an, und sagte, ohne zu lächeln oder ernst zu werden, zu ihr: »Das ist wahr, du hast Recht«, aber sie machte immer so weiter.

Manchmal kamen die Schülerinnen zum Singen und

mussten auf sie warten, weil sie das, was sie gerade machte, nicht einfach zur Seite legen konnte. Dann wieder beschäftigte sie sich so lange mit ihnen, dass es Zeit zum Abendessen war und sie nichts vorbereitet hatte. Dann geriet sie immer in Panik und schaute um sich, um jemanden zu finden, dem sie die Schuld geben konnte.

An einem der Tage, an denen wir ganz besonders viel gesungen hatten, von den Blumen Mariae bis hin zu den Volksliedern, standen wir noch um Doña Luisa herum an der Eingangstür und sprachen über alles das, was wir im Chor singen sollten, als ihr Mann in der Tür erschien. Er war in Begleitung des Arztes, und Doña Luisa stürzte auf ihn zu, um ihn zu begrüßen, wobei sie nach Vorwänden suchte, um sich dafür zu entschuldigen, dass sie so zerzaust aussah. Sie legte dem Arzt die Hände auf die Schultern und sagte: »Ach, Herr Doktor, diese Mädchen bringen mich noch um den Verstand.« Aber sie blickte dabei ihren Mann an, und ich sah, dass sie ihn am liebsten gefragt hätte: »Wie spät ist es denn?«

Er lächelte, als er sie hörte, und betrachtete kopfschüttelnd die Gruppe. Plötzlich steckte er eine Hand aus, nahm mit einem Griff alle meine Korkenzieherlocken und hielt sie mir im Nacken zusammen. Er sagte: »Die hier wird dir am meisten zu schaffen machen. Mit dem Haar hat sie es sicher faustdick hinter den Ohren.«

Die Mädchen hatten sich zwischen ihnen und der Tür hindurchgezwängt und waren verschwunden; Doña Luisa überschüttete den Arzt noch einmal mit Höflichkeitsfloskeln und ging dann in die Küche. Die Hand, die mein Haar festhielt, hatte es bis auf eine Locke losgelassen, die sie noch zwischen den Fingern hielt. Ich sah die beiden Männer an, die sich unterhielten, ohne sich um mich zu kümmern, und schaute auf die Spitze der Locke, die weiter in jener Hand lag, die sie zwischen den Fingern rieb wie ein Stück Stoff, das man prüfen will, ohne Rücksicht darauf zu nehmen, dass sie an meiner Schläfe festgewachsen war.

Indem ich unmerklich zog, brachte ich sie dazu, sie loszulassen. Ich sagte nur »Guten Abend« und rannte fort.

Ich rannte, als würde ich verfolgt, und hatte ein sehr merkwürdiges Gefühl. Ich weiß nicht, ob es daher kam, dass ich mich so unbeholfen verhalten hatte, oder daher, wie sie sich mir gegenüber verhalten hatten. Ich war auch wegen Doña Luisa beunruhigt. Als ich an einem Laden vorbeikam, sah ich auf die Uhr, und es war neun. Ich fürchtete, sie könnte Ärger mit ihrem Mann bekommen: Ich hatte den Eindruck, dass er ein ausgesprochen unberechenbarer, unfreundlicher Mann war.

Ich sah ihn an diesem Tag nicht zum ersten Mal. Im vorangegangenen Monat, noch während der Regengüsse, war ich mit einem anderen Mädchen an der Burg vorbeigegangen und stehen geblieben, um zu sehen, wie aus den Traufleisten dicke Tropfen in den Graben fielen. Da kam er heraus, ging über die Brücke an uns vorbei. Er trug einen dunklen Regenmantel mit einer Kapuze und ein weißes Seidentuch um den Hals. Das Mädchen, das bei mir war, sagte zu mir:

»Das ist der Archivar.«

Und ich antwortete:

»Er sieht aus wie ein Maurenkönig.«

Als ich noch vollkommen erfüllt von dieser Erinnerung zu Haus ankam, erwartete mich wegen meiner Verspätung eine Tragödie, eine Tragödie des Schweigens allerdings, und genau in diesem Augenblick hatte ich eine Erleuchtung und begriff, was zu Hause vor sich ging.

Ich war erregter als sonst, aber umso empfindsamer, und es kam mir so vor, als sähe ich alles überdeutlich. Ich machte das Schweigen zu meinem Beobachtungsposten. Als mein Vater in sein Zimmer gegangen war, fragte ich unvermittelt meine Tante:

»Wer war heute Nachmittag da?«

Und sie antwortete automatisch:

»Niemand.«

Doch dann sah sie mich an und merkte, dass meine Frage einen Hintersinn hatte. Sie verbesserte sich und sagte:

»Ich weiß nicht, ich bin einen Augenblick lang weggegangen, ich weiß nicht, ob jemand gekommen ist.«

Während ich sie beobachtete, hatte sie mich beobachtet: Mir war klar, dass ich so nichts herausbekommen würde, und beschloss eine andere Spur zu verfolgen, um einen Beweis zu erhalten.

Ich ging mit dem Vorsatz ins Bett, am nächsten Tag alles daranzusetzen, doch am nächsten Tag konnte ich die notwendige Entschlossenheit nicht aufbringen. Ich hatte es nicht etwa vergessen, es erschien mir auch nicht zu schwierig, den Beweis zu erbringen: Nur der Enthusiasmus und der Scharfsinn des vorangegangenen Abends waren auf einmal verflogen. Am Morgen sah ich es als eine Möglichkeit, nicht mehr als etwas Sicheres, und vor allem als etwas, das sich von allein herausstellen musste, obwohl mir durchaus klar war, dass ich es nicht auf sich beruhen lassen durfte. Doch meine alltäglichen Neigungen waren stärker und nahmen mich wieder ganz in Beschlag.

Zu Hause bei Doña Luisa gab es nicht die leiseste Spur eines Gewitters, ganz im Gegenteil, sie erwartete mich ungeduldig und hatte das große Paket, das der Postbote gerade gebracht hatte, noch nicht geöffnet.

Wir machten es sofort zusammen auf und holten eine Heerschar Schrauben, Schraubenzieher, Hammer, meterweise Stromkabel und Lüsterklemmen aus Porzellan heraus.

Wir hatten uns damals vorgenommen, eine große Renovierungsaktion im Haus durchzuführen, und wollten mit der Elektroinstallation anfangen: Wir wechselten die kaputten Lichtschalter aus, brachten in allen Zimmern Steckdosen für bewegliche Lampen und auf dem Flügel künstliche Kerzen mit Glühbirnen an.

Das Unternehmen war so groß, dass ich mehrere Tage lang nicht in die Schule ging, und an einigen Tagen riss ich sogar schon morgens zu Haus aus. Die Binsenmatte im Salon wurde herausgerissen, damit der Boden gebohnert werden konnte, denn sämtliche Renovierungsarbeiten wurden gemacht, weil die Möbel angekommen waren, die sie bei ihrem Umzug in Sevilla gelassen hatten. Sie hatten sie schließlich per Bahn aufgegeben, und nun standen sie auf dem Bahnhof von Valladolid.

An dem Tag, an dem sie kommen sollten, warteten

wir schon um neun Uhr morgens auf sie. Die Türen wurden weit aufgemacht, und die Möbelpacker, die sie brachten, gingen überall ein und aus.

Die einzig wichtigen Stücke waren vier riesige Bücherkisten, die sie in einen leeren Taubenschlag hinten im Garten stellten. Ansonsten packten die Männer nur ein paar alte Möbel aus, und als sie damit halb fertig waren, rief Doña Luisa die Köchin und sagte zu ihr:

»Geh, hol ihnen ein paar ordentliche Gläser Wein.«

Sie hielt die Hände ein Stück voneinander entfernt, als wollte sie zeigen, dass es große Gläser sein sollten, und die Köchin sagte, als sie sie trinken sah:

»Nur gut, dass sie nicht wiederkommen, sonst würden Sie die auch noch zu Feinschmeckern machen.«

Sie nickte dabei, als bestünde daran kein Zweifel.

Eine ganze Woche lang brachten wir den Salon in Ordnung. Er wurde großartig.

Wir hängten einen großen Spiegel über eine Konsole und nur wenige Gegenstände an die Wände: zwei Wandleuchten und einige kleine Familienfotos. Die Sitzmöbel waren solche mit ovalen Rückenlehnen. Vor dem Sofa ein kleiner Lacktisch und am letzten Tag die oben gerafften, glatt herunterfallenden Gardinen, die Doña Luisa aus Voile gemacht hatte.

Als ich dachte, alles sei schon fertig, sah ich, wie sie einen riesigen Demillon voll Wasser hereintrug und ihn vor dem Balkon auf den Boden stellte. Dann ging sie in den Garten und brachte einen Stiel Malven, den sie in den Hals der großen Flasche steckte. In diesem Augenblick sah ich sie wieder wie an dem Tag, an dem ich sie kennen gelernt hatte, und erinnerte mich an die Eigenschaft, die ich ihr damals zugeschrieben hatte. Ich sah wieder diese ihr ganz eigene Art, die ich mondän genannt hatte, und die nichts weiter war, als ungezwungen klug mit den Dingen der Welt umzugehen.

Das Werk war vollendet, und wir beide blieben eine geraume Weile an der Tür stehen und sahen, wie das Licht durch die Gardinen fiel, im Wasser des Demillons blitzte und sich über den gebohnerten Boden, die Lehnen der Stühle und die Wandleuchter ergoss.

Ich war hingerissen, ich wollte meine Bewunderung irgendwie ausdrücken und drehte mich um, um ihr etwas zu sagen; da fasste sie mich am Arm und sagte:

»Heute werde ich zum Abendessen eine Timbale machen.«

Wir schlossen die Tür hinter uns und schärften dem Dienstmädchen und dem Jungen ein, den gebohnerten Boden nicht zu betreten.

In den letzten Novembertagen ging ich, wenn nachmittags die Sonne schien, anstatt zur Schule einfach mit Doña Luisa spazieren. Wir stiegen zum Fluss hinunter, setzten uns auf die Ruinen, die rechts von der Brücke ins Wasser ragten, und betrachteten beide lange schweigend die kahlen Birken auf den Inseln. Wenn wir von dort weggingen, hatten wir das Geräusch des zwischen den Steinen strudelnden Wassers im Ohr.

Andere Male gingen wir mit dem Kindermädchen und den Kindern aus. Dann stiegen wir auf der anderen Seite bis zur Kirche von Arrabal hinunter, in die wir immer eintraten, um zu beten. Und es geschah, was geschehen musste. Eines Nachmittags trafen wir an der Tür der Einsiedelei meine Tante Aurelia.

Doña Luisa grüßte sie gleich so, als kennte sie sie ein Leben lang, und meine Tante zerbrach sich zwischen Panik und Verärgerung den Kopf auf der Suche nach Entschuldigungen dafür, dass sie sie noch nie besucht hatte. Sie bedankte sich mehr als hundertmal für die Aufmerksamkeit, die Doña Luisa mir zuteil werden ließ, und beschrieb gewaltig übertrieben die Pflege, die sie meinem Vater angedeihen lassen musste, der der Grund dafür sei, dass sie ein so zurückgezogenes Leben führten.

Doña Luisa fühlte sich von diesen klagenden Entschuldigungen niedergedrückt und versuchte, meine Tante mit ihrer offenen Art zu unterbrechen und zu beschwichtigen. Sie sagte ihr immer wieder: »Ich muss Ihnen überhaupt nichts vergeben. Leticia ist meine beste Freundin, und es ist reizend, sie ständig um mich zu haben.« Und sie setzte alles daran, meine Tante in ein lebhafteres, natürlicheres Gespräch zu verwickeln. Das war meiner Tante jedoch unmöglich. Sie begriff, dass sie das Thema wechseln musste, und suchte gleich ein anderes, das einzige, in das sie ihren klagenden Tonfall einbringen konnte: Die Sorge, die ihr meine Erziehung bereitete. Damit verschaffte sie sich Gehör, hatte aber nicht mit Doña Luisas tatkräftigem Charakter gerechnet, die gleich anfing, eine Lösung zu suchen, und da sie sie im Moment nicht fand, erzählte sie, damit meine Tante ihr vertraute, unzählige Fälle, in denen sie dabei geholfen hatte, ähnliche Probleme zu lösen.

Doña Luisa redete von Schulen, Instituten, zahllosen

Studienplänen. Meine Tante redete von Erziehung: Ich weiß genau, was sie sagen wollte. Aber da es darum ging, sich über etwas zu beklagen, und sie sich über meine Erziehung nicht beklagen konnte, weil ich mich tadellos benahm, sah sie sich gezwungen, auch über meine Bücher zu sprechen, die ich aufgegeben hatte, und sie betonte, wie sehr sie sich um meine Bildung gekümmert habe, und wie traurig es sei, dass ich plötzlich alles aufgegeben hätte.

Es kam so gut wie nie vor, dass diese grauen Augen, die ich so gut kannte, auch nur die Spur eines Gedankens verrieten, aber zumindest hatte ich einen Teil ihres Mechanismus durchschaut: Wenn sie einige Sekunden lang auf einen Punkt starrte, so lag das daran, dass hinter diesen Augen irgendetwas vorging, und dieses Etwas kam immer eine halbe Stunde später auf die eine oder andere Art und Weise heraus.

Doña Luisa schlug meiner Tante vor, den Weg hinaufzugehen, um oben auf der Straße die letzten Sonnenstrahlen zu genießen. Während wir hinaufgingen, wiederholte sie, als wollte sie den Gesprächsfaden meiner Tante wieder aufnehmen: »Sie haben vollkommen Recht, es ist wirklich schade, bei der Begabung, die dieses Mädchen hat.«

Noch nie hatte sie mich gelobt, wir hatten bislang nur über belanglose Dinge geredet. Ich maß Lob nie eine besondere Bedeutung zu, und dennoch hätte ich diesmal das Gespräch hier am liebsten aufgehalten, sie dazu gebracht, mir zu erklären, was sie damit meinte. Aber vor meiner Tante ging das nicht.

Ich begann mir einen Plan auszutüfteln, wie ich sie zu einem ähnlichen Gespräch bringen konnte, wenn wir allein wären.

Ganz beschäftigt damit, sah ich zu Boden, als ich sie sagen hörte: »Sehen Sie, da kommt mein Mann mit dem Arzt. Sie gehen jeden Nachmittag, wenn er aus dem Archiv kommt, hier spazieren.«

Es folgten Begrüßungen, Vorstellungen, dumme, sinnlose Fragen, als Doña Luisa unvermittelt den Faden des vorangegangenen Gesprächs wieder aufnahm: »Fräulein del Valle sagte mir gerade …« Ich guckte in den Himmel.

Ich weiß nicht, wie lange es dauerte, noch erinnere ich mich daran, was sie sagten. Meine Tante, die nun Schützenhilfe bekam, beklagte sich weiter. Doña Luisa brachte weitere Vorschläge vor und wiederholte wie einen Schlussreim: »Wir haben immer viel vom Lernen gehalten.«

Irgendwann, als meine Tante sich an den Arzt wandte, sah ich, wie sie ihren Mann halblaut fragte: »Und hättest du nicht Zeit dazu?« Er machte eine Kopfbewegung, die weder ja noch nein besagte.

Die beiden Männer setzten ihren Spaziergang fort. Wir gingen in den Ort zurück.

Ich kann mich nicht mehr daran erinnern, wie dieser Nachmittag zu Ende ging, wohl aber daran, dass meine Ruhe dahin war. Über mir schwebte lastend ein Unwetter, und das Schlimmste war, dass es nicht losbrach.

Jeden Tag, wenn ich zu Doña Luisa ging, nahm ich mir vor, über diese Frage Stillschweigen zu bewahren. Ich sagte mir immer: Wenn sie sich nicht daran erinnerte, würden alle Pläne, die sie in einem unbeherrschten Augenblick entworfen hatte, in Vergessenheit geraten. Und wenn ich dann feststellte, dass dies tatsächlich so war, fühlte ich, wie sich Unruhe und Unzufriedenheit in mir ausbreiteten und ich an nichts anderes mehr denken konnte. Ich ertappte mich sogar dabei, wie ich aufs Studieren zu sprechen kam, Sätze formulierte, die sie an das Gespräch an jenem Nachmittag erinnern sollten, und als ich schon daran zweifelte, dass sie überhaupt die Fähigkeit besaß, sich an etwas zu erinnern, sagte sie eines Tages plötzlich zu mir:

»Ich muss dir sagen, dass das, was deine Tante gesagt hat, wirklich stimmt. Dein Kopf ist für die Bücher gemacht.«

Ich hoffte, sie würde weiterreden, aber sie redete nicht weiter. Sie glaubte, ich wollte durch mein Schweigen das Thema beenden, und fing an von etwas anderem zu sprechen.

Wir waren gerade in der Küche und schnitten den Makkaroniteig, den wir gemacht hatten, als ich hörte, wie sie sagte:

»Nanu, wieso kommst du denn jetzt?«

Ich hob den Kopf und sah, dass sie nicht mit mir sprach: Der Hausherr war wie ein Schatten hereingekommen, lehnte am Türpfosten und sah uns zu.

Statt zu antworten, fragte er:

»Hilft meine Schülerin auch in der Küche?«

Und sie, als hätte das Gespräch vor einiger Zeit begonnen, als hätten sich längst alle geeinigt, entgegnete:

»Alles, was ich ihr beigebracht habe, kann sie jetzt.

Mal sehen, wann du das später auch von dir behaupten kannst.«

Sie schwiegen, und ich redete mir ein, dass sie scherzten. Lächelnd, mit einem Lächeln, das ich was weiß ich woher nahm, sah ich erst sie, dann ihn an. Da machte er eine Bewegung mit dem Kopf und sagte zu mir: »Los, komm, ich werde dich prüfen.«

Ich war wie gelähmt. Er trat zurück, als wollte er mich durch die Tür lassen, und ohne daran zu zweifeln, dass ich kommen würde, fügte er hinzu: »Dann wollen wir diese Begabung mal anschauen.«

Ich wollte ihn nicht noch einmal ansehen. Ich hatte das Gefühl, dass mir die Wut aus den Augen sprühte. Mit dem, was ich auf dem Weg von der Küche zum Arbeitszimmer dachte, könnte ich Hunderte von Seiten füllen. In diesem Augenblick wurde ich um zehn Jahre älter. Ich sah mich selbst so klein, dass ich mir Leid tat, so wie nur Erwachsene Mitleid mit Kindern haben können.

Nichts erfüllte mich so mit Schrecken wie eine Prüfung. Sogar in der Zeit, als ich es gewohnt war, zu lernen, hatte eine Prüfung immer etwas Grässliches, weil ich wusste, dass ich aus dem Durcheinander in meinem Kopf nicht das Notwendige im richtigen Moment würde herausholen können, und plötzlich tappte ich nun wie ein Hase in eine Falle, nachdem ich fast ein Jahr lang in einem Zustand vollkommener Verblödung gelebt hatte.

Wir traten durch die Flurtür ein, und er sagte, ich solle mich an den Tisch gegenüber der großen Glastür setzen, die auf den Wintergarten führte, er selbst setzte sich mit dem Rücken zum Licht, und mir war klar, dass ich am Ende völlig betäubt sein würde, wenn ich weiter durch das Weinlaub hindurch in die Sonne sah, die im Garten schien. Um das zu vermeiden und vor allem, damit er nicht sah, dass ich kurz davor war, in Tränen auszubrechen, schaute ich mir wie zerstreut die Dinge an, die auf dem Tisch lagen. Er fragte mich: »Gefällt dir der Affe?« Ich hatte nichts Besonderes gesehen, aber plötzlich fiel mir ein Affenkopf von der Größe einer Kokosnuss auf, der äußerst lebensecht und ausdrucksvoll wirkte und eine türkische Kappe auf dem Kopf trug.

Er schob ihn über den Tisch zu mir hin und sagte: »Er sieht aus wie aus Bronze, ist aber aus gebranntem Ton.« Er hob die Kappe an, die eine Art Deckel war, damit ich sah, dass der Kopf voller Zigarren steckte. Dann stellte er ihn zurück, streichelte ihm die Schnauze und rückte ihn mehrfach hin und her, bis er ihn so hingestellt hatte, wie es ihm am besten gefiel. Dann fing er an, mir zu erzählen, dass er ihn von einem Freund geschenkt bekommen habe, der ihn in Paris bei der Weltausstellung von 1900 gekauft hatte, was über zehn Jahre her war, und dass er, seitdem er ihn bekommen habe, immer auf seinem Tisch stehen müsse. Einmal, weil er ihn sehr sympathisch finde, zum anderen, weil diese Ausstellung ein Markstein der Geschichte sei.

Er sah mich an, als wollte er feststellen, ob ich ihn verstehe, und sagte zu mir:

»Weißt du? Damals war die Welt eine Welt wie bei Jules Verne.«

Ich machte auf meinem Stuhl einen Satz, den ich allerdings vertuschte, in dem ich ein Bein über das andere schlug. Meine ganze Angst verschwand wie durch einen Zauber, und ich hörte ihm zu.

Er sprach über eineinhalb Stunden. Ich könnte niemals wiederholen, was er gesagt hat. Ich kann nur sagen, dass die Dinge, die er erwähnte, im Zimmer lebendig zu werden schienen.

Ich sah Atawulf auf seinem Pferd vorbeireiten, ich sah die Jakobsleiter und die Guillotine der Französischen Revolution. Schließlich brachte er mich in die Wirklichkeit zurück, indem er sagte:

»Mir scheint, dass du mich prüfst. Du schweigst, und ich rede und rede, anstatt von dir zu verlangen, mir die Heldentaten unserer glorreichen Geschichte zu erzählen.«

Der Schrecken muss auf meinem Gesicht abzulesen gewesen sein, denn er streckte eine Hand aus, als wollte er mich zurückhalten, und sagte:

»Gib dir keine Mühe, in Wirklichkeit habe ich nicht geglaubt, dass du so viel wüsstest.«

Da ich den Mund nicht aufgemacht hatte, dachte ich, er wolle sich über mich lustig machen, und sah ihn wieder ganz ratlos an. Mit allen Kräften versuchte ich, mich wieder zu fangen, und brachte schließlich heraus:

»Ich versichere Ihnen, dass ich früher sehr viel gelernt habe, nur …«

»Aber du Dummkopf, was meinst du denn, was ich die ganze Zeit gemacht habe? Dir Geschichten erzählt? Natürlich nicht. Ich habe sofort gemerkt, dass es bei dir nutzlos sein würde, mit Fragen zu beginnen. Doch während ich gesprochen habe, war es einfach für mich, an deinem Gesicht zu sehen, was du verstanden hast und was nicht.«

Ich hatte wieder das Gefühl, in eine Falle geraten zu sein, aber diesmal störte es mich nicht, und ich lachte, bis mir fast die Tränen kamen. Wir gingen in den Flur hinaus, und als ich mich der Tür zum Esszimmer näherte, rief ich:

»Auf Wiedersehen, ich muss mich beeilen, es ist schon spät.«

Ich flog nach Hause und sah, dass es nicht zu spät war. Sie begannen gerade ganz gemächlich mit den Vorbereitungen fürs Abendessen. Ich wusste nicht, was ich machen sollte, denn ich konnte nicht stillhalten, und beschloss daher, vor die Tür zu gehen und zu sagen, sie sollten mich rufen, wenn das Essen so weit wäre.

Es war kalt. Unsere Straße war eng und dunkel. Nur an der Ecke gab es eine Glühbirne mit einem weißen Schirm, die unablässig hin und her schaukelte. Ich lehnte mich mit dem Rücken zu ihr an den Türpfosten, um nur den Teil der Straße zu sehen, der im Dunkeln lag. Es war angenehm, wie mir die Kälte, die mir normalerweise zuwider ist, über die Stirn strich, als bekäme ich einen Schwall Kölnisch Wasser über den Kopf. Und indem ich die Dunkelheit ansah, gelang es mir, an nichts zu denken.

Eine Stunde später lag ich zähneklappernd im Bett und bemühte mich, deutlich zu sehen, was geschehen war.

Anfangs war mein Gefühl wie immer ein Gefühl unbändiger Freude darüber, dass die Ereignisse, die mir zuerst einen Schrecken eingejagt hatten, ein so gutes Ende gefunden hatten. Voller Zufriedenheit genoss ich noch einmal alles, was ich gehört hatte, bis ins letzte Detail. Ich war in meinem Element. Ich hatte etwas, was ich bewundern konnte. Vorher hatte ich mich schon einige Male so gefühlt, wenn ich aus dem Theater kam; dieses Gefühl war jedes Mal so stark gewesen, dass sie mich nie wieder mitnehmen wollten, weil ich mich, wie sie sagten, an dem, was ich sah, berauschte. Nur war es diesmal nicht wie im Theater: eine geschlossene Szene, in die man nicht hineinkann, und die, wenn sie einmal zu Ende ist, nicht verlängert werden kann. Dies hier hatte im Gegenteil gerade erst angefangen, und es lag an mir, es weitergehen zu lassen.

Sofort beschloss ich, all meine alten Bücher zusammenzusuchen, die ich am nächsten Tag mitbringen sollte, um zu sehen, ob einige davon noch benutzt werden könnten, und obwohl ich wusste, dass mein neuer Lehrer mir nie unvermittelt Fragen stellen würde, die einen in die Lage versetzten, zeigen zu müssen, dass man nichts wusste und noch nie etwas gewusst hat, wollte ich mein Gedächtnis selbst auf eine derartige Probe stellen. So wie man das Geld zählt, das man noch in der Tasche hat, begann ich zu wiederholen, was ich wusste.

Ich konnte mich daran erinnern, so etwas schon früher getan zu haben. Damals, als ich viel lernte, begann mein Kopf an manchen Tagen dermaßen zu arbeiten, dass er sich nicht mehr abschalten ließ: Eine Frage führte zur nächsten, und ich hörte die Uhr im Esszimmer ein Uhr und zwei Uhr schlagen, ohne einschlafen zu können.

Im Gedächtnis sah ich alle Bücher vom ersten, das ich je im Leben gelesen hatte, bis zum letzten durch und erinnerte mich an alle Sätze, so wie sie auf der Seite standen, mit kleinen Druckfehlern und Bleistiftnotizen, die ich gemacht hatte. Dann nahm ich alle Verse wieder durch, die ich auswendig konnte: Fabeln, Lieder, zuletzt die Gebete. Im Alter von sieben bis neun hatte ich das häufig gemacht, bis ich davon Fieber bekam. Nun ja, in jener Nacht hatte ich vor, das Gleiche zu tun, und ging im Geist die ersten Seiten meiner Weltgeschichte durch. Ganz schnell, ohne mich bei Einzelheiten aufzuhalten, kam ich ohne besondere Anstrengungen von der Antike bis zum Mittelalter. Ich dachte an den ersten Kreuzzug und folgte dem Text eines meiner Bücher Wort für Wort, doch als ich sagte »Die zweite Hälfte, die aus Rittern bestand, die Gottfried von Bouillon anführte«, erinnerte ich mich daran, dass mein Lehrer, als er diesen Namen aussprach, einen Bleistift genommen hatte, der auf der Schreibunterlage lag. Er tat das, ohne es zu merken, ließ die Hände auf dem Tisch und bewegte den Bleistift mit den Fingerspitzen hin und her. Je nachdem, was er sagte, wurde der Bleistift zu einer Lanze, einem Kreuz, einem Banner.

Das war keine Wahnvorstellung von mir, es war wirklich so, und als ich ihn wieder vor mir sah, so wie er in meinem Gedächtnis auftauchte, vergaß ich die Übung, die ich mir vorgenommen hatte. Als ich es merkte, nahm ich sie, so gut ich konnte, wieder auf, doch ich verlor, von ähnlichen Erinnerungen bestürmt, noch hundertmal den Faden.

Jedes Mal, wenn ich wieder zu Bewusstsein kam, sagte ich mir, dass dieser Nachmittag so zauberhaft gewesen war, dass der Eindruck, den er in mir hinterließ, nie wieder ausgelöscht werden könnte. Aber ich belüge mich niemals. Ich verwarf diesen Gedanken sogleich und sah, wie es wirklich war. Was da mit mir geschah, war nichts anderes, als dass ich anfing, unter den Folgen meiner Verblödung zu leiden.

Das Faulsein war mir so zur Gewohnheit geworden, dass ich mich nicht mehr wie früher einer Sache widmen konnte: Jetzt schweifte ich sofort in eine Art Träumerei ab. Ich gab mich den Gedanken an das hin, was mich mit einem Zauber umgeben hatte, einer Wärme … Das war ein neues Gefühl für mich, aber zweifellos auch das Ergebnis des Lebens, das ich führte.

Ich hatte mich derart im Leben der Frauen »mit ihren Dummheiten und kleinen Lastern« eingenistet. Der Satz stammte von meinem Beichtvater. Wenn er mich wegen meiner Naschereien schalt, erzählte er immer die Geschichte der heiligen Monica und kam immer wieder darauf zu sprechen, dass man sich daran gewöhnen sollte, kein Wasser zu trinken, um später fähig zu sein, keinen Wein zu trinken.

Diese Geschichte hatte mir nie etwas gesagt, aber in jener Nacht glaubte ich zu begreifen, dass es sich darum handelte, sich an eine kleine Anstrengung zu gewöhnen, um zu einer größeren fähig zu sein, und jene Schlaffheit, die mich überkam, als ich versuchte, mich aufs Lernen zu konzentrieren, war mir ein Beweis für den Sinn dieses Ausspruchs. Und da empfand ich einen solchen Widerwillen dagegen, eine Frau zu sein, dass ich nicht einmal mehr heulen konnte.

Genau wie in dem Augenblick, als ich mich prüfen lassen sollte, sah ich mich selbst voll unsagbarem Mitleid und aus unendlicher Ferne.

Mir war durchaus klar, dass hier eine neue Phase meines Lebens begann. In jenem Augenblick hatte ich so etwas wie eine neue Fähigkeit erworben, die sich sofort entwickelte, denn schon jetzt, am Abend, hatte sich das Leben verändert und war viel komplizierter geworden. Tatsächlich hatte ich auch Mitleid mit mir selbst. Doch mit welcher Unerbittlichkeit betrachtete ich mich gleichzeitig.

Ich fand mich lächerlich mit meinen Ansprüchen, die sich auf nichts gründeten. Verblödet, das war ich vor allem, völlig verblödet, witzlos und charakterlos.

Ich war gerade gut genug, um mich mit meinen fünfzig Korkenzieherlocken, die auf die Stickerei fielen, und meinen Armen, die wie Spinnenbeine die Fäden glatt zogen, neben die Lehrerin zu setzen, doch in diesem Arbeitszimmer, in dem niemals jemand wie ich gewesen war … Schüler, natürlich, aber Jungen; Barbaren, wenn man so will, aber nie jemand wie ich.

Wo waren die Illusionen geblieben, die ich mir machte, als ich noch bei meiner ersten Lehrerin Unterricht hatte? Während der Unterrichtsstunden betrachtete ich ihr Kostüm, ihre Schlichtheit, ihr männliches Aussehen und dachte: Wenn ich erst einmal so bin wie sie … und ausgerechnet als ich in eine Lage kam, die ich mir nicht einmal hätte träumen lassen, war ich nur ein Mädchen wie alle anderen. Nicht einmal das, ich war nur eine aufgeblasene, dumme Gans.

Es war mir nicht gelungen wach zu bleiben, indem ich, wie ich es mir vorgenommen hatte, an meine Bücher dachte. Jetzt hielten mich die inneren Stürme wach, die in mir tobten, bis mir die Kehle so wehtat, dass ich nicht mehr schlucken konnte.

Bevor ich einschlief, sah ich die Morgendämmerung kommen, und trotzdem sprang ich um acht aus dem Bett. Ich dachte, ich würde den ganzen Vormittag Zeit für die Vorbereitungen brauchen, die ich mir vorgenommen hatte, und die letztlich nichts weiter waren, als meine Bücher und Hefte zusammenzusuchen, einen Bleistift anzuspitzen und eine neue Feder in den Federhalter zu stecken.

Nachdem das alles getan war, kleidete ich mich an, zog aber nicht wie sonst die weiße Schürze über das Kleid, denn ich hatte beschlossen, nur in die Schule zu gehen, um der Lehrerin von meinen neuen Unterrichtsplänen zu erzählen und mich zu verabschieden. Ich zog mir ein Kleid mit rotblauem Schottenmuster an, weil ich einmal gehört hatte, wie meine alte Lehrerin schottische Stoffe lobte.

Gleich nach dem Essen ging ich in mein Zimmer, um alles zu holen und loszugehen. Doch plötzlich fiel mir etwas ein, und ich ging ins Esszimmer zurück. Dort fand ich meine Tante vor, die das Tablett mit dem Kaffee und dem Cognac vorbereitete, um es meinem Vater aufs Zimmer zu bringen. Ich sprach mit ihr und tat dabei so, als wäre ich ganz ruhig und hielte mich dort nur auf, weil ich nichts anderes zu tun hätte. In dem Augenblick, als sie das Tablett vom Tisch nahm, nahm ich es ihr, ohne aufzuhören, mit ihr zu reden, aus der Hand, und wir traten, während ich immer weiter mit ihr redete, gemeinsam in das Zimmer meines Vaters. Ich stellte die Sachen auf ein Tischchen neben seinem Sessel und redete sofort von etwas, von dem ich annahm, es könnte ihn interessieren. Ich sagte zu ihm:

»Jeden Tag nehme ich mir vor, auf dem Rückweg beim Tabakladen vorbeizugehen, um dir Pfeifenreiniger zu kaufen, und immer vergesse ich es. Aber heute werde ich es nicht vergessen. Hast du noch eine Pfeife, die gut zieht?«

Mein Vater wies auf die, die er in der Hand hielt. Ich versprach ihm, sie ihm am nächsten Tag alle zu putzen. Ich prüfte nebenbei die anderen und fasste alle Gegenstände auf dem Tisch an und gab schließlich meinem Vater einen Kuss und ging.

Mir schlug das Herz, wie es Spionen schlagen muss. Seit vielen Tagen hatte ich dies geplant und nie die Kraft gehabt, es zu tun. Ich sagte mir: Endlich hab ich's geschafft!

Ich rannte zur Schule. Nein, ich rannte doch nicht, weil ich ohne weiße Schürze nicht wagte zu rennen. Aber ich war schnell da. Noch hatte sich niemand an seinen Platz gesetzt.

Meine Ankunft reichte aus, um den ganzen Nachmittag durcheinander zu bringen, denn die Lehrerin sagte von sich aus:

»Ich weiß, ich weiß schon, was du mir sagen willst;

seit gestern Morgen weiß ich, dass du bei Don Daniel Unterricht haben wirst.«

Und ich sagte zu ihr:

»Dann haben Sie es vor mir gewusst.«

Und ich erzählte ihr in wenigen Worten, wie meine erste Unterrichtsstunde verlaufen war. Natürlich habe ich es ihr auf meine Art erzählt, leichthin und scherzhaft, wobei ich die komische Seite des Schrecks hervorhob, den ich bekommen hatte.

Sie strahlte, denn obwohl sie traurig darüber war, dass ich die Schule verließ, war sie es doch letztlich gewesen, die mich in jenes Haus eingeführt hatte.

Sie ließ mich tausend Mal versprechen, dass ich hin und wieder zu Besuch kommen würde, und die Mädchen verabschiedeten mich lärmend mit Geschrei und Umarmungen.

Als ich hinausgehen wollte, kam jedoch ein Mädchen, das älter war als ich, auf mich zu, und ich dachte, es würde mich noch einmal umarmen, aber es sah mich nur von Kopf bis Fuß an, umfasste mit dem Arm meine Taille und zwang mich, ein paar Tanzschritte zu machen.

Ich entwand mich sofort und ging bereits durch die Straße, als ich begriff, dass dies keine Kritik gewesen war, sondern ein Kommentar zu meinem Kleid. Dieses Mädchen hatte nichts gegen mich, sondern war nur eines von denen, die auf alles achten, und hatte das nur getan, um damit zu sagen: »Seht mal, was für eine Wespentaille!«

Da stellte ich mir vor, wie ich fünf Minuten später mit meinem großen Kopf und meiner Wespentaille vor dem imposanten Schreibtisch aussehen würde: Wie ein Insekt, lächerlich, wie eine dieser Ameisen, die sich überall reinstehlen.

Die Vorstellung war mir so unangenehm, dass ich stehen blieb, um in eine andere Straße einzubiegen und nach Hause zu gehen, um mich umzuziehen, aber es war schon zu spät, und ich ging weiter und dachte: Warum übertreibe ich nur alles so sehr? Welchen Grund gab es denn, an diesem Tag etwas anderes anzuziehen, wenn ich doch wie üblich hätte kommen können, ohne mir den Kopf darüber zu zerbrechen? Der Lehrerin hatte ich gesagt, ich würde nicht weiter zum Sticken kommen, weil ich den ganzen Nachmittag zum Lernen brauchte.

Das stimmte nicht, denn es reichte aus, wenn ich vormittags lernte. In Wirklichkeit hatte ich beschlossen, es aufzugeben, um mich von diesen Weibergeschäften zu lösen, und nicht einmal in dem Augenblick, in dem ich klar genug sah, um diese Entscheidung zu treffen, war ich fähig gewesen, darauf zu verzichten, ein passendes Kleid anzuziehen.

Nun ja, ich war die Lehrerin los. Meine Beziehung zu Doña Luisa hingegen würde mit jedem Tag enger werden, sie nahm mich jetzt schon viel stärker in Anspruch als die anderen. Aber würde es mir gelingen, diese Beziehung zu verändern, oder würde Doña Luisa von selber darauf kommen? Denn letzten Endes war sie es ja gewesen, die die Veränderung meines Lebens beschlossen hatte, wie durch einen königlichen Erlass.

Als ich zu ihr kam, schien sie sehr gut gelaunt zu sein. Sie hatte mich kaum mit der Schultasche voller Bücher gesehen, da band sie schon ihre Schürze ab, sagte, ich solle die Bücher auf den Tisch im Esszimmer legen, und vertiefte sich in sie. Sie schlug das Geographiebuch auf und fing an, etwas zu suchen, und als ich vom Warten genug hatte und sie gerade fragen wollte, was sie da las, schlug sie es zu und sagte:

»Ich habe gerade nachgeschaut, welche Stelle der Osten Spaniens in der Seidenproduktion einnimmt.«

Diese Wissbegier kam mir sehr merkwürdig vor. Aber ich sagte nichts. Sie nahm einige Bücher und sagte, ich solle die anderen nehmen und mich ins Arbeitszimmer setzen. Dort könne ich ungestört lernen.

Hinter uns kam mit seinen lautlosen Schritten mein Lehrer herein. Doña Luisa sagte zu ihm: »Wie du siehst, haben wir keine Zeit vertrödelt«, und ging dann weg. Er sah meine Bücher kurz durch und verwarf sie alle. Er sagte, wir müssten die Bücher aus dem Gymnasium in Valladolid kommen lassen, und machte sich daran, eine Liste aufzustellen.

Noch bevor er damit fertig war, erschien Doña Luisa in der Tür. Sie sagte:

»Ich unterbreche euch nur, weil ich weiß, dass ihr mit der Arbeit noch nicht richtig angefangen habt.«

Sie schwieg einen Augenblick lang, während sie an die Tischkante gelehnt dastand. Um die Fingernägel ihrer schmalen Hände, die so schlank waren, dass man sehen konnte, wie sich die Sehnen unter der Haut bewegten, klebten Teigreste. Sie begann sie mit den Fingernägeln herauszupulen, während sie sagte:

»Morgen müssen wir, bevor du lernst, Maß für Regale in diesem Arbeitszimmer nehmen: Die Bücher drüben im Taubenschlag werden inzwischen schon Mäuse ernähren.«

Als er die Liste fertig hatte, meinte mein Lehrer, obwohl er, als Doña Luisa über die Regale sprach, kein Wort dazu gesagt hatte, indem er sich im Zimmer umsah:

»Der Gedanke, eines Tages Ordnung in all diese Bücher zu bringen, macht mich ganz krank.«

Ich spürte, dass dies der letzte Satz an diesem Nachmittag war. Wir waren über Vorbereitungen nicht hinausgekommen. Ich sagte »Bis morgen!« und ging.

Als ich schon fast zu Haus war, fiel mir ein, dass ich mir vorgenommen hatte, an diesem Tag durch die Hintertür hineinzugehen, aber der Nachmittag war so glanzlos verlaufen, und ich selbst war so niedergeschlagen, dass ich mir sagte: Wozu bloß? und ich ging dann den üblichen Weg weiter. Im letzten Augenblick dachte ich: Es ist unwürdig, so schnell aufzugeben. Ich bog um die Ecke und ging durch die Gartenpforte.

In der Küche waren die Haushälterin und das Dienstmädchen, die sich nicht darüber wunderten, mich zu sehen. Ich kam näher, um meine Finger am Feuer zu wärmen, und fragte unvermittelt:

»Ist der Arzt heute gekommen?«

»Nein. Warum?«, sagte die Haushälterin in ihrer gewohnten säuerlichen Art.

Ich antwortete:

»Ach, nur so, ich habe etwas Halsschmerzen«, und fügte dann hinzu: »Er könnte ruhig etwas häufiger kommen, damit mein Vater nicht den ganzen Nachmittag allein ist.«

Niemand antwortete darauf. Und im Weggehen sagte ich noch:

»Und sonst ist niemand gekommen?«

»Nein, niemand«, sagte die Haushälterin.

Ich ging ins Esszimmer. Meine Tante war nicht da. Ich machte die Anrichte auf und überprüfte die Markierung, die ich am Etikett der Cognacflasche gemacht hatte. Als ich das Glas daraus eingeschenkt hatte, war sie eben gerade angebrochen gewesen, und nun fehlten fast zwei Drittel.

Am selben Abend, bei Tisch, sah ich mir, da ich nun bei meinen Beobachtungen auf Gewissheit bauen konnte, die Ausmaße der Krankheit genau an, und die Verheerungen, die sie bereits angerichtet hatte und noch anrichten konnte.

Anfangs war ich so bedrückt, dass ich nicht wagte, vom Teller aufzublicken, doch mein Verdacht wurde schon vom bloßen Zuhören bestätigt. Es war übrigens der einzige Hinweis: Mein Vater hatte Schwierigkeiten mit der Aussprache. Was er sagte, war vollkommen vernünftig, aber vor allem das R konnte er nicht aussprechen. Manchmal wiederholte er ein Wort, und es gelang ihm auch beim zweiten Mal nicht, es besser auszusprechen.

Ich dachte: Wahrscheinlich wird es nicht schlimmer, es wird eine Angewohnheit sein, die er im Feldzug erworben hat, und er wird genügend Willenskraft haben, es nicht ausufern zu lassen. Das nahm ich hin, denn es fiel mir nicht einmal ein, von ganzem Herzen darum zu beten, dass es weniger würde. Ich begriff, dass es eine Art künstlicher Nebel war, den er um sich herum schuf, um sich abzukapseln. Ich sah auch, dass meine Tante um sein Geheimnis wusste und ihren Teil dazu beitrug, unser Haus zu isolieren. Ich verstand das so gut, dass ich mir vornahm, mich nicht in ihr Geheimnis einzumischen.

Als ich ins Bett ging, war meine Trauer riesengroß, aber gleichzeitig fühlte ich, wie ich mich in ihr ausruhte: Es war, als hätte ich nun Grund unter den Füßen und litte wegen etwas wirklich Schmerzlichem, anstatt wie sonst mit den angsterfüllten Abenteuern meiner Fantasie zu kämpfen. Ich war also doch noch fähig, wirklich wegen jemandem zu leiden. Meine Seele war nicht ganz und gar verloren.

In dieser Nacht schlief ich wunderbar tief. Ich konnte nicht umhin, zu Hause über die neue Beschäftigung, die ich mir geschaffen hatte, zu berichten. Ich überlegte, ob ich allein mit meiner Tante sprechen sollte, hatte aber keine Lust, zu sehen, wie sie die Augen verdrehte und mich nicht ausreden ließ. Ich hatte Schwierigkeiten, mit meinem Vater zu sprechen, vor allem, seit ich um seinen Zustand wusste, weil ich mich mehr als nötig bemühte, ihm etwas verständlich zu machen, und dies ihn noch mehr als seine Dumpfheit daran hinderte, mich zu verstehen.

Ich beschloss darüber zu sprechen, wenn beide zusammen da waren. Deshalb ging ich morgens weg, kaufte die Pfeifenreiniger, und machte mich, während mein Vater seinen Kaffee trank, daran, die Pfeifen zu putzen.

Ganz nebenbei fing ich an, über meinen Unterricht zu reden, begann absichtlich damit, daran zu erinnern, wie sehr sich meine Tante darüber beklagt hatte, dass ich die Bücher aufgegeben hatte, was wiederum Doña Luisa auf den Gedanken gebracht hatte, diese Entscheidung herbeizuführen. So blieb meiner Tante nichts anderes übrig, als zuzustimmen, da sie ja den Anstoß dazu gegeben hatte. Doch sie fing augenblicklich an zu jammern, als hätte ich mit dem, was ich sagte, sagen wollen: Nach dem, was du gesagt hast, hätte ich nie wieder meine Studien aufgenommen.

Natürlich hatte die Arme keinen Augenblick etwas dagegen. Sie sagte nur immer wieder:

»Wir werden sehen, ob es Gott gefällt, wir werden sehen, ob es Gott gefällt.«

Zum Glück unterbrach mein Vater ihr Gejammer, weil er darauf kam, danach zu fragen, wie die Herrschaften dafür bezahlt werden sollten, dass sie sich so viel Mühe mit mir gaben. Ich sagte ihm, dass die Lehrerin, die sie sehr gut kenne, mir gesagt habe, jemand wie sie würde es nie und nimmer zulassen, dafür bezahlt zu werden. Sie machten es aus Freude am Unterrichten und aus keinem anderen Grunde, genauso, wie sie es schon mit anderen Kindern gemacht hätten.

Mein Vater rief vollkommen überrascht aus:

»Das verstehe ich eben nicht, dass Leute nur um der Arbeit willen arbeiten.«

Ich merkte gleich, dass ihm dieser Gedanke unsympathisch war. Mein Vater hatte eine ganz eigene Vorstellung von Arbeit. Wenn von meinem Onkel Alberto die

Rede war, der sich in Bern eine gute Stellung verschafft hatte, sagte er immer: »Mein Bruder ist sehr fleißig.« Als wollte er damit sagen: »Mein Bruder ist total verrückt.«

Da versuchte ich ihn auf etwas zu bringen, was ihm näher lag, und sagte zu ihm:

»Mich wundert, dass ausgerechnet du das sagst. Ich glaube nicht, dass du das, was du in Afrika gemacht hast, nur getan hast, weil du dafür bezahlt wurdest.«

Er rief sofort:

»Natürlich nicht, natürlich nicht! Aber das ist etwas ganz anderes. Ich … das ist meine Pflicht; ich bin Soldat, was soll ich sonst machen. Das nenne ich arbeiten.«

»Natürlich«, sagte ich, »die nennen ein paar Stunden über den Büchern sitzen auch nicht arbeiten. Genauso wie du, genauso wie du. Sie tun es aus einem Gefühl heraus, nicht wegen des Geldes.«

Mein Vater sagte:

»Nun gut, macht, was ihr wollt. In ein paar Tagen ist Weihnachten, und dann kann man ihnen etwas Schönes schenken.«

Ich war mit den Pfeifen fertig und wollte gehen. Als ich mich von meinem Vater verabschiedete, sah er mich einen Augenblick lang an und sagte:

»Du bist ein Blaustrumpf geworden, der einem weismachen kann, dass Schwarz Weiß ist.«

Mein einziger Gedanke war: Warum bloß um einer Sache willen so viel kämpfen, so viele Listen anwenden, so viel jonglieren müssen?

Ich muss allerdings zugeben, dass weder mein Vater noch meine Tante je viel Aufhebens davon gemacht haben, Geld für meine Launen auszugeben. Ich ließ die Bücher mit der Post kommen. Der Briefträger brachte sie umgehend mit der Rechnung, sie bezahlten, und niemand verlor mehr ein Wort darüber.

Die Unterrichtsstunden fanden regelmäßig, wenn auch nicht pünktlich, an einigen Tagen von fünf bis sechs statt, an anderen von sechs bis sieben, und sie begannen, obwohl schon Dezember war, aber es schien uns unsinnig, an Ferien zu denken, wo ich doch ein Jahr lang keinen Unterricht gehabt hatte. Außerdem sagte mein Lehrer, dass er sich gerade in diesen Tagen, an denen er nicht ins Archiv musste, mehr mit mir beschäftigen könne; später könnte ich dann allein weitermachen, ohne dass es mir besonders schwer fiele.

Von wegen nicht schwer fallen! Mein Kopf war wie eine eingerostete Maschine. Ich lernte den ganzen Morgen lang und hielt meine Stirn mit den Händen, als ob ich sie über den Büchern festhalten wollte. Es war unmöglich, meine Fantasien zu verscheuchen. Ich machte mir alle möglichen Vorwürfe, weil ich wusste, dass wenn ich erst einmal bei ihnen war, Doña Luisa alle fünf Minuten kommen und mir etwas vorschlagen würde, obwohl ich mich mit den besten Absichten ins Arbeitszimmer setzte. Vergebens, ich war in mein Zimmer eingeschlossen, aber meine Gedanken waren in jenem Arbeitszimmer. Es war, als ob sie ständig käme und zur Tür hereinschaute und mich an all die tausend Kindereien erinnerte, die nie aufhörten, mich zu beschäftigen.

Ständig überfiel mich der Gedanke, dass ich die Regale nicht richtig ausgemessen haben könnte, dass die Heizung nicht liefe oder dass sie ausgegangen sein könnte, bevor ich kam. All diese Sorgen plagten mich, solange ich zu Hause war. Später, wenn ich dort war, dachte ich an gar nichts, konnte aber trotzdem nicht lernen. Dann begann die Angst, die Tür könnte plötzlich aufgehen und ungelegene Fragen könnten mich aus meiner Zurückgezogenheit aufstören, und wenn Doña Luisa tatsächlich erschien, ängstlich etwas sagte und sofort wieder verschwand, machte ich mir Sorgen darüber, ob ich vielleicht unfreundlich zu ihr gewesen war, ob ich womöglich hatte durchblicken lassen, dass ich mich für ihre Angelegenheiten nicht mehr interessierte.

Es war so schwer zu wissen, ob ihr etwas wehtat, sie ärgerte oder freute, dass es unmöglich war, eine bestimmte Taktik bei ihr anzuwenden. Aber in Wirklichkeit war sie traurig und wie verwirrt über die Folgen dessen, was sie selbst ausgelöst hatte.

Und das Schlimmste war, dass ihr Mann ihr die Tatsache, dass sie unerwünscht war, rücksichtslos zu verstehen gab. Er antwortete unwirsch, wenn sie hereinkam und etwas fragte, warf ihr jedes Mal, wenn sie die Tür aufmachte, einen wütenden Blick zu, und wenn sie herausging, verabschiedete er sie mit einem kleinen Lächeln, das zu sagen schien: Nun reicht's aber.

Ich weiß nicht, warum ich, wenn ich sah, dass sich in ihrem Gesicht kein Zug veränderte, immer dachte: Sie ist nicht innerlich ruhig, was ihr fehlt, ist innere Ruhe. Sie ist nur hartnäckig.

Ich sah sie, wie sie durchs Haus ging, als hätte sie etwas verloren, wie ein Kind, das sein Spielzeug weggegeben hat und es nun bereut, wie jemand, der etwas heilmachen will, das nicht mehr heilzumachen ist. Aber sie gab nicht auf, sie wartete darauf, dass ihr Tag kam, und am Ende war sie es, die gewann.

Als ich bei ihr ankam, war sie im Vestibül, ihr Gesicht sah aus wie immer, nur hielt sie sich aufrechter, war voller Unternehmungslust. Sie sagte gleich zu mir:

»Weißt du, der Wievielte heute ist?«

»Der Zweiundzwanzigste«, antwortete ich.

»Nun, morgen, am Dreiundzwanzigsten, nimmt uns der Arzt in seinem Zweispänner mit nach Valladolid zum Einkaufen«, und sie fügte hinzu: »Willst du mitkommen?«

Das hätte sie früher nicht gefragt. Ich machte eine wegwerfende Bewegung, als sei diese Frage überflüssig, dann sagte ich, ohne zu zögern:

»Dann lass' uns genau überlegen, was wir brauchen.«

Ich ließ die Bücher auf dem Tisch im Arbeitszimmer und ging mit ihr ins Esszimmer. Als Don Daniel kam, wollte er sich über unsere Zügellosigkeit aufregen, aber sie räumte das Problem aus dem Weg, indem sie sagte:

»Was willst du denn? Die beiden kommenden Tage sind ganz besondere Tage.«

Wozu hier altbekannte Familiendiskussionen noch einmal erzählen? Diese dauerte mehr oder weniger genauso lange und endete wie alle anderen. Um halb acht stand ich fertig angezogen auf dem Balkon und wartete darauf, dass der Zweispänner auftauchte.

Der Zweispänner war bequem, an allen Seiten gut geschlossen, hatte großartige Kissen auf den Sitzen und Ziegenfelle auf dem Boden, in denen die Füße vollkommen versanken. Der Arzt half uns dabei, uns richtig in die Decken einzupacken. Auf einer Seite saß Doña Luisa mit dem Kindermädchen und dem Säugling, auf der anderen Luisito und ich. Ich setzte ihn auf meinen Schoß, um seine Beine an meinen zu wärmen, und wir ließen uns bis zum Kinn in die Decke einwickeln.

Bevor er den Schlag schloss, sagte der Arzt zu Doña Luisa:

»Als Ihr Mann gestern Abend sagte, er würde vielleicht mitkommen, da wusste ich schon, dass er gut zugedeckt im Bett bleiben würde, und nur wir am frühen Morgen auf dem Raureif spazieren fahren würden.«

»Ich wusste es auch«, sagte sie.

Die Tür fiel zu, und der Zweispänner rollte los.

Wir saßen einander gegenüber und schauten uns schweigend an, und obwohl es kaum hell genug war, um einander zu sehen, erkannte ich, dass sie mit den Augen sagte: Uns geht's gut so, nicht wahr? Uns geht's gut.

Ich lächelte ihr zu, während ich mein Gesicht an das von Luisito legte, der mit mir zusammen lächelte.

Als es heller wurde, bemerkte ich, wie gut sie angezogen war. Ich hatte sie nie in Stadtkleidern gesehen und war bezaubert. Sie trug einen sehr dicken, karierten, tabakbraunen Mantel mit großen Aufschlägen aus Nutria und einen kleinen *Canotier* in der gleichen Farbe mit einem Samtband.

Plötzlich fiel mir wieder ein, was mein Vater ein paar

Tage vorher gesagt hatte. Ich musste ein schönes Geschenk finden. Sicher würde ich in irgendeinem Laden etwas finden. Aber was für ein Geschenk und für wen von den beiden? Etwas fürs Esszimmer wäre prosaisch, fürs Arbeitszimmer wäre es schwierig. Die Wände würden vollkommen mit den Regalen bedeckt sein, und etwas für den Tisch, daran war gar nicht zu denken: Das war das Reich des Affen, und selbst das Geschenk eines Sultans würde ihn nicht entthronen können. Plötzlich hatte ich eine Idee, und der Geistesblitz muss so deutlich in meinem Gesicht zu sehen gewesen sein, dass Doña Luisa mich fragte:

»Woran denkst du gerade?«

Ich sagte:

»An nichts, an eine Verschwörung, ich dachte mir gerade eine Verschwörung aus, aber ich kann sie dir erst in ein paar Tagen verraten.«

Sie glaubte, dass das eine Ausrede sei, und fragte nicht weiter; sie nahm den Säugling, der die ganze Zeit unter weißen Wolltüchern geschlafen hatte, und sagte:

»Ich muss ihm noch etwas geben, bevor wir ankommen, denn es ist seine Zeit.«

Es war schwierig, aber sie schaffte es irgendwie, ihn anzulegen. Sie sah so seltsam aus mit ihrem *Canotier* und den halb offenen Mantelaufschlägen, aus denen die linke Brust herausschaute, auf der eine Ader durchschien, wie ein mit blauer Farbe gemaltes Ypsilon.

Ich schaute sie von meinem Sitz aus an und dachte: Wie gut würde es ihr stehen, wenn sie statt dieser gewöhnlichen Decken aus Palencia eine dieser Plüschdecken hätte, die wie Leopardenfell aussehen. Ich musste eine finden, sagte ich mir, und damit sie mich nicht noch einmal lächeln sah, drehte ich mich zur Seite, um zwischen den Wagenvorhängen hinauszuschauen.

Wir waren bereits in La Rubia; wir fuhren am *Eden* vorbei, dem Ausflugslokal, das ich im Sommer, wenn die baumbepflanzte Esplanade voller Amseln war, so sehr liebte, und ich sah unter den kahlen Ästen die Tische auf ihren kleinen Veranden über dem Fluss, und alles war vom Flaum des Raureifs bedeckt.

Die Sonne stand schon hoch, wärmte aber nicht. Als wir ankamen, war es fast zehn Uhr, und es war bitterkalt, doch auf den Straßen war ungeheuer viel los.

Der Arzt stellte seinen Zweispänner im Haus eines Apothekers unter, der ein Gehege in der Calle de Miguel Iscar besaß. Wir verabschiedeten uns von ihm und verabredeten, dass wir uns dort später wieder treffen wollten.

Zuerst gingen wir zum Mercado del Val und von dort zum Mercado Campillo. Hier luden wir einem Laufburschen Sellerie, Disteln, Wirsing und Meerbrassen auf und ließen ihn alles zum Haus des Apothekers bringen, um es dort in Verwahrung zu geben.

Dann kauften wir unter den Arkaden in den Metzgereien Würste und in den Kolonialwarenläden Oliven und kleine Fässer mit Austern. Zum Schluss gingen wir in die Casa Rodriguez.

Dort war es so gerammelt voll, dass man die Tischchen hatte wegschaffen müssen, aber hinten in einer Ecke stand noch eines, das niemand belegt hatte, weil die Leute, zumeist Frauen, sich alle um den Ladentisch drängelten.

Wir setzten das Kindermädchen mit den Kindern in eine Ecke und bereiteten uns darauf vor, uns wie die andern ins Getümmel zu stürzen.

Doña Luisa sagte:

»Das Problem ist, dass es jetzt zwölf Uhr ist und das Kind seit zwei Stunden nichts mehr bekommen hat. Am besten gebe ich ihm gleich etwas, denn wer weiß, wann wir hier wieder herauskommen!«

Sie machte das täglich alle zwei Stunden, was zu Hause weiter nicht ins Gewicht fiel. An diesem Tag jedoch wurde es zu einem Problem, und wir hatten alle fünf Minuten das Gefühl, es sei schon wieder so weit.

Sie setzte sich in die Ecke neben das Tischchen, drehte den Stuhl etwas zur Wand und packte den Kleinen wieder zwischen ihre Mantelaufschläge.

Sie setzte sich so geschickt hin, dass niemand sehen konnte, was sie machte. Sie stützte den Ellenbogen auf das Tischchen, und indem sie den Kopf zurückwandte, sagte sie zu mir:

»Du, geh schon mal los und drängel dich dazwischen. Wenn du bis zum Ladentisch vorgedrungen bist, verlang nur diese Marzipanfigürchen, die Zuckermandeln und die Paste für die Mandelsuppe. Die Mandelbrote kaufen wir bei den Ständen der Leute aus Valencia.«

Ich versuchte, mein Vorhaben in die Tat umzusetzen, aber es gab in dem Gedränge all der Frauen keine einzige Lücke, und ich wurde schon fast ohnmächtig, weil ich keine Luft mehr bekam, als ich einen Schrei hörte, ein nicht besonders lautes, aber umso furchterregenderes Oh, das so grauenhaft war. Ich drehte mich um und sah, wie Doña Luisa aufstand und ihr Kind einer Frau, die neben ihr stand, in die Hände legte. Ich begriff nicht, was da passierte. Ich hörte nur, dass sie mit immer schrillerer Stimme weiter »Ach, mein Gott, ach, mein Gott!« schrie.

Sie hielt ein Taschentuch in den Händen, krallte sich mit den Fingernägeln daran fest und zerfetzte es. Kein Muskel in ihrem Gesicht hatte sich verzogen, doch in ihren Augen lag so etwas wie eine tierische Blindheit, was aussah, als könnte dies nur im Wahnsinn enden.

Um die Frau herum, die das Kind hielt, hatte sich eine Menschentraube gebildet. Ich weiß nicht, wie ich es schaffte, bis zu ihr zu gelangen, und sah, dass das Kind blau angelaufen und steif war und nicht zu atmen schien. Es dauerte nur einen Augenblick lang. Dann reagierte es wieder, Milch kam aus seinen Nasenlöchern, und es fing an zu weinen. Ich nahm es der Frau aus den Händen und brachte es zu seiner Mutter zurück.

Ich rief: »Es ist schon wieder in Ordnung, es war nichts, überhaupt nichts!«, aber sie hörte mich nicht. Ich wollte ihr das Kind in die Arme legen, damit sie sich davon überzeugte, doch ich merkte, dass sie es nicht halten konnte: Sie war noch starr, zerriss das Taschentuch, und dann sah ich, wie sich auf ihrer Stirn zwischen den Augenbrauen eine steile Falte bildete. Mit dieser Falte schüttelte sie den Schmerz ab und kam wieder zu sich. Sie ließ sich auf den Stuhl fallen und sagte:

»Mein Gott, was für ein fürchterlicher Schreck, was für ein grässlicher Schreck!«

Wir gingen zwischen all den Frauen und ihren Bemerkungen aus dem Laden. Doña Luisa sagte:

»Lass uns irgendwo etwas essen, auf so einen Schreck hin braucht man eine heiße Suppe.«

Wir gingen ins Restaurant *Castilla*.

Nach dem Essen war alles vergessen, und wir setzten unsere Einkäufe fort. Nachdem wir alles Notwendige besorgt hatten, blieb uns noch Zeit, um in die Spielwarenläden zu gehen und etwas für den Jungen zu kaufen. Unter den Bogengängen wollte er an jedem Stand stehen bleiben, doch ich zog ihn weiter und sagte:

»Komm, in der Casa Guillén gibt es viel bessere Sachen.«

Seine Mutter sagte mir, der Junge sei noch viel zu klein, um den Unterschied zu bemerken, aber ich schleppte beide bis dorthin, schob sie in den Laden, ging an der Spielzeugabteilung vorbei zur Abteilung für Reisebedarf, und da lag auf einem der unteren Borde, in Handhöhe, genau die Decke, die ich mir vorgestellt hatte: genau die. Ich wies sie nur mit einem Blick darauf hin, und Doña Luisa strich mit der Hand darüber und sagte:

»Wie weich sie ist! Als ob ein echtes Tierchen dort liegt.«

Dann ließ ich sie wieder zum Spielzeug zurückkehren.

Wir waren schon auf dem Weg zum Wagen, als Doña Luisa ausrief:

»Das Obst! Wir haben vergessen, feines Obst zu kaufen, wir haben nur Granatäpfel.«

Wir gingen die Calle Santiago wieder bis zum Anfang

hinauf. Dort traten wir in das kleine Obstgeschäft voller Früchte aus anderen Ländern. Es schien unglaublich, die Eiseskälte auf der Straße einzuatmen und in dem Augenblick, in dem man hineinkam, den Duft von Ananas aus Amerika und die langen Girlanden aufgehängter Limetten zu riechen.

In diesem Augenblick bedauerte ich, dass Don Daniel nicht mitgekommen war. Ich dachte: Wenn er mitgekommen wäre, würde er etwas dazu sagen! Natürlich konnte ich es ihm erzählen, aber wenn ich es erzählte, war es nur etwas Dummes. Aber wenn er es mir erzählen würde … Ich sah es, und es erschien mir wie etwas, was er mir erzählt hatte.

In einer Ecke des Ladens gab es Blumen, mickrige, übrig gebliebene Blumen, und auf einer Holzbank lagen Blumenstiele und Bindfadenstückchen, als ob jemand dort Sträuße gebunden hätte. Dazwischen entdeckte ich eine winzige Teerose.

Eine so kleine Knospe, dass sie unter den Blättern verborgen war. Ich nahm sie, dachte daran, den Verkäufer darum zu bitten, aber niemand kümmerte sich um mich, und da beschloss ich, sie einfach mitzunehmen. Als wir hinausgingen, steckte ich sie Doña Luisa ans Revers, und sie rief aus:

»Wo hast du denn dieses kleine Wunder gefunden? Ich habe mir die Blumen doch gerade angeschaut und leider war keine dabei, die ich hätte kaufen können.«

Auf dem Weg unterhielten wir uns über Blumen, nahmen uns vor, im Frühling Tulpen und im Herbst Chrysanthemen einzupflanzen. Sie erklärte mir alles, was man machen musste, um sie zu ziehen, bis wir am Haus des Apothekers angelangt waren.

Dort machten wir uns daran, die Einkäufe im Wagen zu verstauen. Der Arzt lief mit uns hin und her half uns die Pakete tragen. Ich fragte Doña Luisa währenddessen leise, ob sie ihn nicht fragen könne, ob es ihm etwas ausmachen würde, bei der Wohnung meiner Großmutter kurz anzuhalten, damit ich ihr ein fröhliches Weihnachtsfest wünschte, weil es nicht gut wäre, wenn sie erführe, dass ich in Valladolid gewesen war, ohne sie zu begrüßen.

Der Vorschlag wurde angenommen, und zehn Minuten später stürmte ich wie ein Wirbelwind ins Zimmer, in dem meine Großmutter ihre Häkelarbeiten machte und meine Tanten stickten.

Küsse, Ausrufe. Alle drei sagten gleichzeitig: »Du bist nicht wieder zu erkennen, du bist nicht wieder zu erkennen.«

Ich redete, so viel man in kürzester Zeit überhaupt nur reden kann, küsste sie alle ein zweites Mal, und im Hinausgehen zog ich meine Tante Inés mit auf den Flur. Dort erklärte ich ihr, dass meine Tante Aurelia mir aufgetragen habe, ihr eine Besorgung ausführlich zu beschreiben. Es handele sich darum, ein Geschenk zu kaufen. Man würde ihr am nächsten Tag durch den Briefträger einen Zettel bringen lassen, aber um Verwirrung zu vermeiden, solle ich ihr genau erklären, worum es sich handelte. Ich beschrieb ihr Qualität, Farbe, Größe der Decke und die Stelle, an der sie sich befand, so dass man sie mit geschlossenen Augen hätte finden können.

Als ich wieder im Zweispänner saß, rollten wir zurück nach Simancas; lange Zeit schwiegen wir im Halbdunkel des Wagens, um die Kinder nicht zu wecken.

Es war ein glücklicher Tag gewesen, abgesehen von dem schrecklichen Zwischenfall in der Konditorei; doch es war wieder Ruhe eingekehrt, und ich war sicher, ihre Gesichtszüge, die so ebenmäßig waren wie sonst nur die von Figuren auf Münzen oder am Rand von Diplomen, würden, ruhig wie immer, in Dunkel gehüllt bleiben, bis wir zu Hause ankämen.

Von meinem Platz aus konnte ich die Teerose deutlich erkennen. Sie sah aus, als thronte sie auf dem Mantelrevers aus Nutria.

Es wäre dumm von mir, mir selbst etwas vorzumachen: In diesen zwei Tagen stürzte ich mich leidenschaftlicher denn je auf die Dinge, die ich meiden wollte.

All die kunstvollen Listen, die ich täglich anwandte und die mich innerlich stolz machten, weil ich mir sagte, dass ich hohe Ziele damit verfolgte, entfaltete ich in jenen Tagen hemmungslos für Nichtigkeiten.

Ich weiß nicht, wie ich den Arzt zu mir nach Hause schleppte, und noch weniger, wie ich ihn dazu brachte zu sagen, dass es nicht gut wäre, mir die Fröhlichkeit dieser Festtage vorzuenthalten, die mein Vater in seinem Haus auf gar keinen Fall feiern wollte. Ich weiß nicht mehr, wie ich ihm eingab, sich als Botschafter für die Einladung Doña Luisas anzubieten. Tatsache ist, dass er anfing zu erzählen, er als Junggeselle ohne Familie werde an den beiden Abenden im Haus seiner Freunde essen, und es mache ihm keine Umstände, mich auf dem Rückweg zu begleiten. Das war es letztlich, worum es ging.

Der Heilige Abend verging im Fluge, weil Doña Luisa versprochen hatte, bei der Christmette den Chor zu begleiten, und damit die Dienstmädchen auch teilnehmen konnten, wurde alles schnell und einfach vorbereitet.

Die Mädchen, die die Volkslieder singen sollten, kamen am Nachmittag, um zu proben, so dass uns für Vorbereitungen nur wenig Zeit blieb.

Doña Luisa hatte gesagt: »Diese Tage sind heilig.« Und dieser Satz ging mir ständig als Rechtfertigung für alles durch den Kopf. Ich erinnere mich daran, wie er mir in den Sinn kam, wenn ich den Deckel einer Schüssel anhob. Es lag ein Geheimnis, eine magische Kraft in den Düften dieser Tage. Wenn wir den Herd öffneten, in dem der Truthahn im Schmalz goldbraun briet, wenn wir die heiße Mandelsuppe mit Zimt bestreuten, wenn wir den Bleichsellerie über den mit Granatäpfeln vermischten Escarolsalat schnippelten, dann sprachen die Düfte all dieser Dinge zu uns und ließen uns bei der Arbeit nicht ermüden, die Begeisterung nicht verlieren.

Wir hatten feuchte, eiskalte Hände und glühende Wangen, wenn wir uns über den Herd beugten, aber wir waren fröhlich und unermüdlich, und bei jeder duftenden Dampfschwade, die an unserem Gesicht vorbeizog, sahen wir einander an.

Doña Luisa, die ganz vom Vertrauen in ihr Können erfüllt war, sagte zu mir:

»Wart's nur ab, wart's nur ab!«

Nichts fehlte auf dem Tisch. Als sie die Girlande aus Stechpalmen daraufgelegt hatte, sagte Doña Luisa:

»In einem sanften Licht würde alles noch schöner aussehen, aber bei uns vier einsamen Fliegen ist fröhliches Licht besser.« Und sie hängte eine große Lampe unter den Schirm.

Mich begeisterte gerade die Tatsache, dass wir nur so wenige waren, im Gegensatz zu den Weihnachtsfeiern im Haus meiner Großmutter, bei denen wir immer über zwanzig Personen bei Tisch waren, die einander nichts zu sagen hatten und die alle albern herumzappelten, um wenigstens etwas Stimmung aufkommen zu lassen.

Der hell erleuchtete Tisch und die glänzende Stechpalme auf dem Tischtuch waren das Einzige, was eine festliche Stimmung erzeugte. Ansonsten aßen wir all diese Köstlichkeiten schweigend, und nicht einmal die Champagnerkorken knallten. In Don Daniels Händen verloren die Flaschen ihre Korken lautlos, und aus ihnen quoll, wenn sie sich über die Gläser neigten, nur ein Wölkchen, das so fein wie Gaze war.

Da Doña Luisa wegen des Säuglings nichts anderes trinken konnte, gab es zum Essen nur Champagner. Anschließend, zum Nachtisch, bat sie uns alle dringend, doch noch etwas anderes zu trinken, und ließ ein doppelstöckiges Tischchen mit Rädern an den Tisch bringen, dessen Etagen mit den verschiedenartigsten Flaschen beladen waren.

Doña Luisa nahm zwei davon und machte dabei eine schelmische Geste, mit der sie so etwas immer begleitete. Sie schenkte ein Glas voll, das sie dem Arzt gab, damit er es mir weiterreichte, und sagte zu mir: »Das zu den Mandelbroten, Liebling, und dann das zum Kaffee«, und dann reichte sie mir auch noch ein Gläschen Marie Brizard.

Don Daniel zog den Teewagen zu sich herüber und begann das Bataillon in Augenschein zu nehmen. Er kommentierte jedes einzelne Etikett und die Aufschriften und Lettern im Stil jedes Landes in Europa, als handelte es sich um Bücher. Er entkorkte sie, roch daran, reichte sie dem Arzt weiter: Sie probierten alle.

Auf dem Teewagen stand auch eine Zigarrenkiste. Ich sah, dass Aschenbecher fehlten, und mir fiel ein, welche aus dem Arbeitszimmer zu holen. Als ich zurückkam, hatte mir der Arzt meinen Platz weggenommen und sagte zu mir, als er mich hereinkommen sah:

»Du verlorst deinen Platz, ich hab den Schatz.«

Alle lachten, aber ich fand den Witz abgeschmackt.

Es war nichts mehr zu machen. Die beiden waren an einer Ecke des Tisches zusammengerückt und hatten das Tischchen mit den Flaschen zwischen sich gestellt. Sie hatten die Zigarren angesteckt und waren bereits dabei, vom Üblichen zu reden. Ich weiß nicht, worum sich diese endlose Unterhaltung drehte, die jeden Tag vor dem Burgtor anfing. Es ging um etwas Besonderes, aber nichts Geheimes. Sie redeten immer laut vor allen Leuten, als ob sie so oder so niemand verstehen könnte, und so war es auch. Ich würde sogar behaupten, dass nur einer von beiden verstand, wovon sie redeten.

Während der zwei Minuten meiner Abwesenheit war auch das Kindermädchen mit Luisito im Esszimmer aufgetaucht, der aufgewacht war, als er gemerkt hatte, dass seine Mutter nicht da war, und nun verlangt hatte, zu ihr gebracht zu werden.

Er war nicht angezogen, sondern nur in eine Wollstola gewickelt, und Doña Luisa setzte ihn sich auf den Schoß und gab ihm etwas von allem, was noch auf dem Tisch stand: kandierte Früchte, Marzipan ... Ich nahm den Stuhl, auf dem der Arzt zuerst gesessen hatte, und rückte zu ihr an die Ecke des Tisches, die der gegenüberlag, an der die beiden sich unterhielten. Das Erscheinen des Jungen hatte uns von den anderen abgeschnitten, und ich sagte mir verzweifelt: Wenn er nicht gekommen wäre, hätten wir uns womöglich beide dazugesetzt. Aber nein, auch dann hätten wir uns nicht dazugesetzt, denn Doña Luisa fühlte sich nicht fern von ihnen.

Das war etwas, was ich bis jetzt noch nicht begriffen habe: Sie wusste über alles mehr als ich. Sie war wirklich gebildet, und dennoch hielt sie diesen Abstand aufrecht, ohne darunter zu leiden, weil sie immer noch dem, was sie sagten, eine gewisse Aufmerksamkeit schenkte. Zwei- oder dreimal mischte sie sich ins Gespräch ein, ich weiß nicht, ob geschickt oder nicht; aber das eine Mal, als Don Daniel wegen eines Buches zögerte, über das sie sprachen, meinte sie sofort: »Das liegt in der Kiste Nummer drei.« Dabei drehte sie weder den Kopf zur Seite noch wandte sie ihre Aufmerksamkeit von einem Stück Pfefferkuchen ab, das sie zwischen den Fingern hielt und an dem Luisito still herumknabberte.

Warum aber konnte ich weder ein Wort hervorbringen noch meine fünf Sinne von den beiden lösen?

Ich war tausendmal nahe daran, Don Daniel zu fragen, worüber sie sprachen, aber ich befürchtete, dass seine Antwort, obwohl sie präzise wäre, mir keine Klarheit verschaffen würde. Ich dachte, dass mir der Anfang fehlte, dass ich es niemals begreifen würde, solange ich nicht wusste, was sie vorher gesagt hatten, aber nicht etwa vor wenigen Augenblicken, sondern Tage, Jahrhunderte zuvor. Denn die Worte waren eigentlich solche, die man täglich benutzt, mehrfach hörte ich das Wort Liebe, und dennoch wusste ich, dass sie nicht über Liebesgeschichten sprachen.

Schließlich kam es mir so vor, als verstünde ich, dass sie über jemanden sprachen, aber ich wusste nicht, ob es jemand war, den ich kannte oder ob es eine Gestalt aus der Geschichte war. Sie machten Anspielungen auf das, was er getan oder was er bei einer bestimmten Gelegenheit gesagt hatte. Ich erinnere mich Wort für Wort daran, wie Don Daniel sagte: »Am besten gefällt er mir, wenn er über die Wechselfälle des Lebens nachdenkt.« Er sagte es genau so und fügte hinzu: »Das mit der Eidechse, die die Fliege fängt!«, und schwieg dann.

Ich sagte mir: Wenn er weitererzählte, könnte ich es verstehen. Es scheint etwas ganz Einfaches zu sein. Aber er fuhr nicht fort. Offenbar kannten alle diese Geschichte von der Fliege und der Eidechse.

Ich blickte zu Doña Luisa, um zu sehen, ob sie sie kannte, aber selbst wenn sie sie mir erzählt hätte, wäre mir der Zugang zu dieser Unterhaltung verwehrt geblieben.

Der Arzt sprach mit seiner dumpfen Stimme, von der

man nicht erhoffen konnte, dass sie etwas Erhellendes beisteuerte. Plötzlich unterbrach ihn Don Daniel:

»Nein, die Heiligkeit ist nicht das Beste am heiligen Augustinus.«

Mir war, als habe mir jemand einen Schlag vor den Kopf versetzt: Darüber sprachen sie also!

Eine Welle von Traurigkeit, von Schrecken und schlechtem Gewissen überrollte mich wie eine fürchterliche Bedrohung, als hätte ich jemanden vor mir, der mich mitleidslos betrachtete.

Warum sprachen sie bei dieser Gelegenheit vom heiligen Augustinus? Mein Gott, nur damit ich mich an seine grässliche Mutter erinnern sollte?

Ich riss die Augen weit auf, als wollte ich aus einem Albtraum aufwachen, und sagte mir, dass es, wenn sie davon sprachen, für mich keinen Grund gab, sie nicht zu verstehen. Aber ich ließ meinen Blick von einem zum anderen wandern und merkte, dass mein Verständnis sich dahinschleppte wie eine Fliege mit nassen Flügeln. Da war etwas Schweres, etwas Klebriges, das mir die Beweglichkeit raubte: Dieses Essen, die Weine lasteten auf meinen Augenlidern, als hielte ich mein Gesicht in die Nähe einer Flamme.

Es war klar; ich hätte es mit weniger Intelligenz als mit der, die mir in diesem Augenblick noch geblieben war, verstehen können; das andere niemals.

Die Worte, die zu mir drangen, wurden wieder geheimnisvoll. Wieder kamen Anspielungen auf Taten oder Anekdoten, deren Sinn mir völlig schleierhaft blieb.

Wahrscheinlich war der heilige Augustinus von seiner

Mutter so weit entfernt wie jene Ecke des Tisches, von der, an der ich saß, an der wir Frauen saßen. Von hier aus vernahm man nicht mehr die Stimme der heiligen Monica, die schließlich jemand war, sondern die Stimme ihrer Amme, die sie mit den Worten zurechtwies: »Wenn du erst einmal eine Hausfrau bist und die Schlüssel zur Speisekammer hast ...«

Aber was ging uns das an? Was hatte das mit Doña Luisa zu tun, die dasaß mit ihrer Engelsstirn und ihrer Nase, die einer kleinen Säule mitten in ihrem Gesicht glich, mit Doña Luisa, deren Kind an ihre Brust gelehnt schlief ...?

Ich sah sie an, und diesmal fühlte ich, wie sich meine Augen schlossen, um eine Rührung voller Trauer und Verwirrung zu verbergen.

Sie sagte zu mir: »Bist du müde?« Ich nickte. Sie streckte eine Hand zu mir hin, ließ den Arm ausgestreckt auf dem Tisch ruhen. Ich nahm ihre Hand in meine Hände und fühlte, wie mein Kopf beinahe darauf fiel, doch ich wehrte mich noch einen Augenblick lang dagegen.

Das Gespräch war für mich nur noch ein Raunen. Ich schaffte es nicht mehr, die Worte deutlich zu hören, aber aus den Gesten, aus dem Gesichtsausdruck der beiden las ich zumindest ab, wie es ihnen ging.

Der Arzt hatte rot glühende Wangen, er bewegte den Kopf und die Hände schwerfällig, lehnte sich hin und wieder auf dem Stuhl zurück. Don Daniel war blass wie immer, saß kerzengerade, ohne die Rückenlehne seines

Stuhls zu berühren. Wenn er nichts sagte, hielt er die Zigarre zwischen den Zähnen, wobei er die Lippen zu einer Art Lächeln verzog, das kein Lächeln war. Nur seine Augen glänzten mehr als sonst, doch mit einem dunklen Glanz. Es war, als hätten sie gleichzeitig mehr Glanz und mehr Schatten.

Seine Hände besaßen die gewohnte Eleganz. Die Flasche Kirschwasser leerte sich weiter in sein Glas, aber er wirkte immer graziöser, leichter.

Ich schaute ihn weiter an, während ich meine Wange an Doña Luisas Hand schmiegte, die ich noch festhielt. Lange lag ich so mit meinem Gesicht auf ihrer Hand, ohne zu wissen, ob ich wach war oder nicht. Zumindest kämpfte ich nicht mehr darum, etwas zu begreifen, ich schloss die Augen und liebkoste in Gedanken all diese Dinge, die ich so ins Herz geschlossen hatte. So gelang es mir, mich einen Augenblick lang mir selbst überlegen zu fühlen.

Als ich wegging, war ich fast nicht mehr bei Besinnung. Ich erinnere mich nur noch, dass die Kälte mich merken ließ, wie ich neben dem Arzt nach Hause lief. Das Pflaster auf den Straßen kam mir so seltsam und meinem Gesicht so nah vor, als ginge ich auf allen vieren. Dieser Herr, der auch nicht gerade festeren Schrittes ging als ich, war gut genug, mich zu führen, und wenn ich hingefallen wäre, hätte er mich aufgehoben; dennoch waren wir keine Freunde, beileibe nicht. Als wir bei der Haustüre angelangt waren, bedankte ich mich nicht weniger eisig, als es draußen war, und so endeten diese zwei heiligen Tage.

Ich hätte dort auch die Silvesternacht verbringen können, aber ich wollte meine Familie nicht noch mehr verstimmen und erklärte mich damit einverstanden, zu Hause zu bleiben und um neun Uhr ins Bett zu gehen.

Ich ging nur am Nachmittag zu Doña Luisa. Am Morgen hatte das Dienstmädchen die Decke vorbeigebracht, die ich bis jetzt nicht hatte hinschaffen können.

Als ich sie ihr schickte, war ich voller Zweifel. Der Augenblick, in dem es mir eingefallen war, sie ihr zu schenken, lag so weit zurück, dass sie mir jetzt als das unpassendste Geschenk vorkam, das man überhaupt nur machen konnte. Doch da es nun einmal geschickt worden war, musste ich mich dazu entschließen, mich der Wirkung, die es möglicherweise gehabt hatte, zu stellen.

Als ich ankam, lag die Decke mit all den Papieren und Schleifen, in die sie eingepackt gewesen war, auf dem Tisch im Esszimmer neben der großen Schachtel, in der sie gebracht worden war. Doña Luisa streichelte sie genauso wie sie es im Laden gemacht hatte: Sie war hingerissen.

Als Don Daniel kam, sagte sie zu ihm:

»Was sagst du nun, was sagst du zu dem Einfall dieses Mädchens?«

Und er schaute, anstatt ihr zu antworten, mit den Händen in den Taschen, mich an und sagte zu mir:

»Mir scheint, dass du, wenn du ein junger Herr wärest, die Kunst beherrschen würdest, den Damen Geschenke zu machen, und mir scheint auch, dass du manchmal nur allzu gern ein junger Herr wärest.«

Was wollte er damit sagen? Ich weiß es nicht. Ich

dachte einen Augenblick lang, er verstünde mich, er bemerkte, dass ich unzufrieden damit sei, zu sein, wie ich war. Aber nein, ich bin nicht sicher, ob er mir das damit sagen wollte.

Ich lachte etwas verwirrt und dachte, er würde es mir bald erklären. Wir wollten mit unserem Unterricht wieder anfangen, die Stunden wieder aufnehmen, in denen es, gleichgültig, wie sie begannen, immer eine Oase, immer unverhofft irgendeine Insel gab, auf der man alles fand, was man wollte.

Das Jahr war zu Ende gegangen, aber nichts änderte sich, kein neues Leben begann. Im Gegenteil, wir lebten wie von den Resten des vorangegangenen Jahres, alles erschöpfte sich, erlosch.

Die beiden ersten Monate dieses Jahres erscheinen mir so fern! Was ist in diesen sechzig Tagen geschehen? Nichts: Es hat geregnet und geschneit, und wir haben uns eingerollt wie Siebenschläfer.

Mag sein, dass ich die Einzige war, die unter dieser Ermattung litt. Aber wenn ich mich an das erinnere, was ich während dieser zwei Monate gemacht habe, kann ich mich der Scham, die ich dabei empfinde, nur erwehren, indem ich denke, dass es irgendeinen geheimnisvollen Grund dafür geben muss, denn ich kann nicht sagen, dass mich die Ereignisse überwältigt hätten. Ich hatte meine Vorsätze, meine Wünsche, meinen Ehrgeiz, und nichts stellte sich mir in den Weg. Ich selbst war es, die kraftlos vor sich hin lebte, als wäre ich eingeschlafen.

Es ist unmöglich! Es ist unmöglich, dass ich heute so bin, und vor ein paar Monaten so anders war, und der

Gedanke macht mir Angst, ich könnte womöglich mein ganzes Leben lang solche Anfälle haben, immer wieder in solche Löcher fallen.

Es ist unsinnig, dies aufzuschreiben, es ist unendlich dumm und peinlich. Und dennoch muss ich es sagen, ich möchte meinen Stolz damit warnen. Ich bin überhaupt nichts Besonderes. Es gelingt mir manchmal, mich zu wunderbaren Höhen aufzuschwingen, und hinterher falle ich wieder in das zurück, was ich bin: jemand wie alle anderen. Tatsache ist, dass ich mich während all dieser Monate, nachdem ich durch Schnee und Matsch zu Doña Luisas Haus gestapft war, dort im Arbeitszimmer vor einem Buch einschloss und nicht hineinsah. Nicht etwa, weil ich geträumt oder an etwas anderes gedacht hätte, nein. Ich dachte an überhaupt nichts. Ich kam langsam zu mir, nachdem ich meine rot gefrorenen Hände gerieben hatte, und machte die meiste Zeit über nur Spuckebläschen.

Das ist die reine Wahrheit. Ich machte zwischen den Lippen eine kleine Blase und nahm sie mit dem hinteren Ende eines Zahnstochers auf, den ich in der Hand hielt; und dann fügte ich sie aneinander, damit sie eine größere Blase bildeten. Das war sehr schwierig. Sie platzten fast immer, aber manchmal schaffte ich es, drei oder vier zusammenzufügen.

Kaum zu glauben, aber das ist erst ein paar Monate her. Der März war schon anders. In den ersten Tagen war es noch bitterkalt, aber das Licht war frühlingshaft, und man wagte sich schon aus dem Haus.

Der Mann, der immer kam, um unseren Garten zu

pflegen, hatte mir erzählt, dass seine Frau gerade ein wunderhübsches Kind bekommen habe, und ich hatte versprochen, es mir anzusehen. Sie lebten in einem Gemüsegarten, den sie auf dem anderen Ufer des Flusses bestellten, und eines Tages ging ich gleich nach dem Essen zu ihnen; meine Tante gab mir ein Päckchen mit kleinen Sachen für die Frau mit.

In ihrer Küche unter dem großen Rauchabzug des Herdes hing der reine Duft nach verbranntem Ginster, und das bisschen Rauch, das in den Wohnraum entwich, machte die Luft stickig. Sie hielten Türen und Fenster geschlossen, damit sich das Kind nicht erkältete.

Als ich mich der Ecke näherte, in der die Wiege stand, gewann ein durchdringender Geruch die Oberhand, der all die anderen Gerüche auslöschte.

Der nudeldicke Kleine wälzte sich unter seinen Wolldecken, schien gleichzeitig zufrieden und unzufrieden zu sein, nicht etwa, weil ihn etwas störte, sondern weil er mit jener Unentschlossenheit kämpfte, die die Neugeborenen an sich haben. Und der durchdringende Geruch schien der Geruch seiner schlechten Laune zu sein.

Ich blieb sehr lange dort, sie stopften mich mit Zuckergebäck voll; schließlich machte ich mich auf den Weg, und als ich hinaustrat, schien es mir, als würde die Kälte sich in den Augenlidern und an der Nase festkrallen.

Ich ging gerade über die Brücke zum Ort, als ich ein Mädchen auf mich zukommen sah, das aussah wie ein Dienstmädchen aus einem guten Hause. Sie trug einen Korb am Arm, und ich dachte, sie würde der Frau des Gärtners ein Geschenk bringen.

Ich hatte das Mädchen von Anfang an mit den Blicken verfolgt, aber nicht bemerkt, dass es langsamer wurde, und war automatisch auch langsamer geworden. Ich weiß nicht, warum ich nicht einen Augenblick lang vermutet hatte, dass sie stehen bleiben würde, doch als ich näher herankam, blieb ich stehen und beugte mich über das Brückengeländer, und sie beugte sich auch darüber. Ich schaute aufs Wasser, doch aus dem Augenwinkel sah ich, dass das Mädchen mit der einen Hand in den Korb langte und etwas in den Fluss warf. Ein, zwei, drei, vier kleine Gegenstände fielen in den Fluss, noch bevor ich sie erkannte: Es waren vier kleine Hunde. Da drehte ich mich zur Seite und sah das fürchterliche Gesicht des Mädchens. Natürlich hatte ich mein ganzes Leben lang gewusst, dass die Leute die kleinen Hunde in den Fluss warfen, die sie nicht aufziehen wollten, aber dass ein so junges Mädchen das tun konnte!

Wir standen fast an dem Ende der Brücke, wo das Wasser nicht tief war und in Strudeln zwischen den Steinen und den Wurzeln am Ufer langsamer floss. Sie blieben lange in einem dieser Strudel und kämpften; es mag unmöglich erscheinen, aber sie schwammen, es gelang ihnen zu schwimmen, mit den Bewegungen von Neugeborenen zu schwimmen, ohne dass das eisige Wasser die Kraft ihrer Verzweiflung zum Erlahmen brachte.

Schließlich trug die Strömung sie mit sich fort.

Ich ging alle Möglichkeiten durch, um sie herauszuholen, aber es war sehr schwierig; wenn ich unten angekommen wäre, hätte es schon keinen Sinn mehr gehabt, sie hätten nach diesem Bad nicht überlebt.

Als sie sich in der Strömung entfernten, wirkten sie schon wie kleine Greise. Mir schien es so, als wollte das Mädchen etwas dazu sagen, und ich rannte weg, um ihren Augen nicht noch einmal zu begegnen.

Ich spürte die Kälte nicht mehr; mein Körper war viel kälter als die Luft. Ich glaubte, es nie bis zu Doña Luisa schaffen zu können. Ich musste meine ganze Aufmerksamkeit darauf verwenden zu atmen, und jedes Mal, wenn ich es tat, schien es der letzte Atemzug zu sein. Der Eindruck dessen, was geschehen war, war in meiner Vorstellung ausgelöscht, ich konnte an nichts anderes mehr denken als daran, dass ich atmen musste, noch einmal und noch einmal und noch ein weiteres Mal.

Ich kam zur Eingangstür, ging durch den Flur und merkte nicht, dass ich hereingekommen war, ich spürte nicht, dass die Temperatur im Haus anders war als draußen.

Als ich ins Esszimmer kam, sahen mich alle verwundert an. Ich weiß nicht wie, aber ich erklärte, was ich gesehen hatte, und Doña Luisa rief aus:

»Das hat dich sehr erschüttert, trink etwas Wasser.«

Don Daniel riss ihr das Glas aus der Hand.

»Was für ein Einfall«, rief er, »ein Glas Wasser! Siehst du denn nicht, dass sie vollkommen verstört ist?«

Er goss zwei Finger breit Rum ins Glas und hieß es mich in einem Zug austrinken. Er nahm mich mit ins Arbeitszimmer; auf dem Sofa lagen etliche Kissen und die Plüschdecke; er schien dort seinen Mittagsschlaf gemacht zu haben. Er sagte, ich solle mich auf das Sofa legen, wickelte mich in die Decke ein und meinte:

»Schlaf ein wenig.«

Er ging zur Tür und im Hinausgehen drehte er sich um und sah mich an, blieb einen Augenblick an den Türpfosten gelehnt stehen und sah mich an.

Obwohl inzwischen viel Zeit vergangen ist, verstehe ich es immer noch nicht; es müssen viele Jahre vergehen, bis ich diesen Blick verstehe, und manchmal möchte ich lange leben, um diesen Blick ein ganzes Leben lang zu betrachten; manchmal denke ich, dass es längst sinnlos ist, so viel ich ihn auch betrachte.

Um diesen Blick herum begann ein Lächeln aufzutauchen oder vielmehr etwas, was einem Lächeln ähnlich war und von mir forderte, auch zu lächeln. Es war so, als hätte er in meinen Augen das Grauen über das erblickt, was ich gesehen hatte. Auch er schien etwas Unheimliches zu sehen, das in ihm einen Schrecken hervorrief, der außerhalb des Natürlichen lag, und dennoch lächelte er.

Ich fühlte, wie mich der Rum allmählich in eine warme Welle hüllte; ich hörte auf, ihn anzusehen, ich weiß nicht, wie lange er noch in der Tür stand. Ich schlief tief atmend ein, ich dachte immer noch ans Atmen.

Als ich die Augen öffnete, sah ich, dass etwas Sonne in den Garten fiel. Den ganzen Tag über war der Himmel bedeckt gewesen, und als sie unterging, schaute hinter den schnell vorbeiziehenden Wolken, die die letzten zu sein schienen und tatsächlich die letzten dieses Winters waren, die Sonne hervor.

Als ich am nächsten Tag ankam, glaubte ich, niemand sei zu Haus. Ich sah die Köchin hinten im Garten und rief:

»Ist Doña Luisa nicht da?«

»Doch«, sagte sie, »sie ist im Wintergarten.«

Ich traf sie dort mit einem Spiegel und einer Pinzette in der Hand an; das Licht war hart, da der Weinstock noch keine Blätter hatte. Sie suchte nach einem halben Dutzend weißer Haare, die an den Schläfen wuchsen.

Als sie mich sah, sagte sie sofort:

»Weißt du, nenn mich nie wieder Doña Luisa, so alt bin ich doch noch nicht.«

»Ganz und gar nicht«, sagte ich zu ihr, »Sie haben kein Alter, Sie sehen aus, als wären sie so geboren.«

Sie wollte das Kompliment, das in meinen Worten lag, nicht annehmen. Sie sagte gleichmütig wie immer:

»Ich könnte deine Mutter sein.«

Und ich entgegnete:

»Nun, mir kommt es allerdings manchmal so vor, als könnte ich, von innen betrachtet, Ihre Mutter sein.«

Sie antwortete im gleichen Tonfall:

»Wenn das so ist, muss ich in Zukunft Respekt vor dir haben.«

»Oh, sprechen Sie dieses abscheuliche Wort nicht aus. Für mich klingt es böse. Ich weiß nicht warum, aber wenn ich jemanden gern habe, brauche ich es nicht, und gehört habe ich es immer nur von Leuten, die ich nicht mochte.«

Ihr Gesicht veränderte sich nicht, doch ihre Hände zauderten. Es war kein Zittern, sondern Verwirrung ließ sie unruhig werden. Spiegel und Pinzette wanderten mehrfach von einer Hand in die andere. Hatte sie Angst davor, dieses Gespräch fortzusetzen? Hatte sie nicht die Kraft dazu? Unwillkürlich sah sie sich einen Augenblick lang im Spiegel an, als wollte sie sich an der Ruhe ihres Spiegelbildes aufrichten. Dann tat sie so, als hörte sie etwas und sagte:

»Ich glaube, Luisito weint.«

Sie rannte die Treppe hinauf. Ich wusste genau, dass der Junge nicht weinte.

Und wieder fing ich damals an, Rückschritte zu machen, aber nicht dieselben Kindereien wie im Winter; sondern ich ging noch weiter: Ich fantasierte und träumte wieder wie damals, als ich noch klein war.

All jene absurden Hirngespinste, mit denen ich meine Fantasie beschäftigte, als ich noch nicht genug Ernsthaftigkeit besaß, mich mit wirklichen Dingen zu beschäftigen, schwirrten ständig um mich herum. Ich lernte schlecht und hörte sogar Don Daniel nicht richtig zu.

Ich tat so, als hörte ich ihm mit ungeheurer Aufmerksamkeit zu, aber in Wirklichkeit sah ich ihn nur an. Ich vertrieb mir die Zeit damit, mir seinen Haaransatz genau anzusehen und wie das Haar um die Ohren herum geschnitten war und wie sein Bart verschiedene Ströme bildete, die vom Mund ausgingen.

Ich konnte ihn nicht mit einem Mal ganz genau studieren, sondern musste es immer wieder versuchen. Während er sprach, dachte ich an die Einzelheiten, die mir noch entgangen waren. Dann sah ich ihn fest an, als wollte ich verstehen, was er sagte, und stellte dann fest, wie seine glänzenden, lackschwarzen Wimpern am Rand der Augenlider wuchsen.

Dann schaute ich auf den Tisch, und wenn er wieder anfing zu sprechen, sah ich ihn wieder an, studierte die Linie seiner geraden Nase, die Umrisse seiner eher blassen, eher schmalen Lippen, die so präzise gezeichnet waren, deren geschwungene Linien so genau aufeinander abgestimmt waren, dass es so aussah, als würde er mit den Lippen denken, oder als wäre sein Mund nur ein gezeichneter Mund: Es war ein Modell, das, was man ein Paradigma nennt.

Doch meine Spinnereien machten nicht vor der bloßen Beobachtung Halt. An einem der ersten heißen Nachmittage warf er, nachdem er den ganzen Weg von der Burg in der Sonne zurückgelegt hatte, sein Jackett auf einen Sessel und setzte sich an den Tisch. Wie immer mit dem Rücken zur Glastür. Bald schon begann ich das Licht zu sehen, das durch sein Hemd schien. Als er sich vorbeugte, um einen Arm auf die Armlehne des Sessels zu stützen, bauschte sich das Hemd etwas auf und ließ unter dem Weiß des Hemdes seitlich seinen Oberkörper sehen, nicht an der Brust, sondern bei den Rippen, die sich leicht unter einer goldbraunen Haut abzeichneten.

Genau wie Jahre zuvor, ganz genauso wie damals, als ich mich den Spielen meiner Fantasie hingab, die keine Grenzen kannten, stürzte ich mich in die Vorstellung, in dieser Atmosphäre zu leben, im Licht jener Zone, die mir bald wie eine Grotte, dann wieder wie ein Wald erschien. Es war eine durchsichtige Region, in der ich da wanderte: Ich beherrschte sie in ihrer ganzen Ausdehnung, erriet, wie dort der Sonnenaufgang und die Abenddämmerung, die Jahreszeiten sein würden.

Es war mir nur selten gelungen, mich ganz und gar in einen der Orte meiner Träumereien zu versetzen. Ich war darin so vollkommen verloren, dass Don Daniel meine Abwesenheit bemerkte. Er sagte zu mir:

»Ich weiß nicht, was heute mit dir los ist, dass du so gar nichts verstehst.«

Ich protestierte, rechtfertigte auf tausend Arten und Weisen meine Zerstreutheit. Ich erfand einen unwichtigen Streit in der Familie.

Don Daniel sagte zu mir:

»Jedenfalls hat es keinen Zweck, dass du dich weiter anstrengst.«

Er schlug das Buch zu, das er in der Hand hielt, und sah mich genau, jedoch nicht eindringlich an, als wüsste er, dass er mit Blicken nichts aus mir herausbekam: Er ließ seinen Blick entmutigt auf mir ruhen.

Ich sah, dass er verwirrt und bedrückt war und dies nicht auf sich beruhen lassen wollte. Er wusste, dass er in meine Gedanken nicht eindringen konnte, wollte mich jedoch aus ihnen herausreißen.

Er öffnete eine Schublade im Schreibtisch und holte eine Holzschachtel daraus hervor. Er warf sie aufs Sofa und sagte zu mir:

»Hier, schau dir diese Fotos an. Inzwischen werde ich ein paar Briefe schreiben.«

Ich vertiefte mich in die Fotos: Ich wollte gehorsam sein.

Es waren fast alles Familienfotos, und ich wollte ihn nicht unterbrechen, um ihn nach all den Personen zu fragen, die darauf zu sehen waren. Es waren auch einige

Häuser und Höfe in Sevilla darunter, und ich nahm an, dass er als Kind an einigen dieser Orte gelebt hatte. Ich legte sie zur Seite, um ihn danach zu fragen, wenn er mit dem Schreiben fertig war.

Wenige Minuten später wandte er sich mir zu. Ich fragte ihn, und er zeigte mir, wo auf einem jener Felder das Gut seiner Eltern lag.

Es gab andere Fotos mit malerischen Winkeln, mit Gittern vor den Fenstern und Mädchen, die sich zwischen den Blumen zu Männern mit Gitarren herausbeugten. Don Daniel sagte mir, dass dies Fotos für Touristen seien, dass es so etwas heute nicht mehr gebe, weil die jungen Leute daran keinen Spaß mehr hätten. Ich sagte:

»Wie schade, mir gefällt das sehr! Ich meine nicht als Zeitvertreib, aber es ist etwas, das mir gerade …«

Ich beendete den Satz nicht. Ich machte eine Bewegung mit dem Kopf, als wollte ich sagen, dass meine persönlichen Vorlieben unwichtig seien.

Don Daniel legte den Federhalter aus der Hand, kam zum Sofa und setzte sich, indem er ein Bein unter sich zog, so schnell und geschmeidig neben mich, wie es nur eine Katze konnte. Er fing an, mich mit Fragen zu überschütten: Er wollte wissen, warum ich das so voller Wärme gesagt hatte. Er habe etwas, eine Begebenheit oder eine Erinnerung, das diese Begeisterung in mir hervorgerufen habe, auf meinem Gesicht gelesen.

Ich konnte es nicht abstreiten. Obwohl es eine vollkommen dumme Geschichte war, erzählte ich sie ihm.

Er hatte mich so begierig, so voller Neugier gefragt, dass ich mich daranmachte, ihm die Geschichte bis hin zu den überflüssigsten Einzelheiten zu erzählen, wahrscheinlich weil ich ein schlechtes Gewissen wegen all der Dinge hatte, die in meinem Kopf umgingen, und die ich ihm nicht erzählen konnte.

Da er nie in Valladolid gelebt hatte, begann ich damit, ihm mein Viertel, mein Haus in der Straße zu beschreiben, die ursprünglich Calle de la Cárcava geheißen hatte, und die Geschichten, die dort von den Nachbarn hinter vorgehaltener Hand erzählt wurden.

Es gab da eine Erinnerung aus der Zeit, als ich fünf Jahre alt war. Genauer gesagt, ich muss zwischen fünf und sechs Jahre alt gewesen sein, als ich eines Tages mit der Haushälterin ins Kolonialwarengeschäft ging, und zwei Dinge sich mir ins Gedächtnis gruben: Salzbälle, die man, ich weiß nicht warum, den Ziegen zum Lecken gab, und ein sehr eleganter junger Mann mit einem breitkrempigen Hut, der dort saß, ohne zu bedienen.

Viel später erst erfuhr ich von dem Verdruss, den der Sohn des Ladenbesitzers seinem Vater wegen seines Studiums bereitete, und schließlich hieß es eines Tages, er habe ihn aus dem Haus geworfen. Nach einiger Zeit kamen Nachrichten, die besagten, er sei Drehorgelspieler geworden, er werde »Der Apotheker« genannt, weil er das Studium der Pharmazie aufgegeben habe, und würde sich mit einem Messer in die Brust stechen, bis er Blut spuckte, nur damit alle sahen, wie mutig er sei.

Dann kam die schlimmste Nachricht: Er war sogar so dreist, in unserem Viertel aufzuspielen.

Ich hätte ihn nicht wieder erkannt, aber ich brachte das Dienstmädchen dazu, ihn mir zu zeigen: Er hatte sich völlig verändert, war wahnsinnig dünn geworden, er hatte eine Schirmmütze auf und trug ein kleines Tuch um den Hals.

Normalerweise kam er nachmittags und spielte eine zauberhafte Habanera. Ich wollte sie lernen und beschloss eines Tages, auf den Balkon zu gehen, um ihm zuzuhören. Ich fand, dass er dem König unglaublich ähnlich sah.

Nach der Habanera spielte er andere, gewöhnlichere Stücke, und dann warf ich ihm einige Münzen hinunter; als er aufblickte, um sich zu bedanken, fragte ich ihn, ob er die Habanera noch einmal spielen könne. Und das konnte ich dann schon nicht mehr beschreiben: die Bewegung, die er mit den Schultern und den Augenbrauen machte, und mit der er zu sagen schien, kein Problem. Er sagte zu mir: »Was du möchtest, meine Schöne«, und er spielte sie drei- oder viermal.

»Nun ja, eigentlich hat das überhaupt nichts mit den Fotos zu tun«, sagte ich, als ich sah, dass Don Daniel nichts sagte. Und um ihm zu erklären, warum ich es ihm erzählt hatte, hob ich hervor, dass es diese einladende Geste gewesen sei, das Wissen darum, dass er für mich spielte, dass ich ihn um alles bitten konnte.

Während ich meine Geschichte beendete, hatte ich die Fotografien wieder in das Kästchen gelegt. Don Daniel starrte in eine Ecke des Arbeitszimmers, aber er sah nicht viel weiter, als es ihm die Wand erlaubte: Er schaute, als würde diese Szene, die ich gerade beschrieben hatte, wie durch eine Zauberei dort in der Luft schweben, und er sie noch immer ganz genau betrachten.

Es gab keinen Grund anzunehmen, dass er mich nicht beachtete, denn ich wusste, dass er mich ansah, jedoch mich auf dem Balkon. Dann begann er zu lächeln und lächelte mich im Arbeitszimmer an, nur mit dem Mund, so wie er mich schon einmal angelächelt hatte.

Schließlich sagte ich:

»Nun ja, ich muss gehen, es ist schon fast dunkel. Ich gehe.«

Er sprang wieder mit dieser katzenhaften Bewegung vom Sofa, nahm meinen Kopf in seine Hände, vergrub die Finger in meinem Haar, drückte dann meinen Hals, als wollte er mich erdrosseln. Sein Lächeln kämpfte darum, ein offenes Lächeln zu werden, aber es gelang ihm nicht zu lachen. Er schleppte mich fast im Arm zur Tür, schob mich auf den Flur und sagte:

»Geh, geh weg, du Verräterin!«

Obwohl meine Geschichte mehr Erfolg als erwartet gehabt hatte, tröstete mich das nicht über das schlechte Gewissen hinweg, das mir die vorangegangene Situation machte.

Meinem guten Betragen hatte immer die Angst zu Grunde gelegen, bei einem Fehler ertappt zu werden. Ich wusste das wohl, und häufig sagte ich mir, dass ich nur nicht log oder noch schlimmere Dinge machte, weil ich, wenn jemand feststellen würde, dass ich nicht mustergültig war, an einem Anfall von gekränktem Ehrgeiz sterben würde. Dennoch schmerzte es mich diesmal unsagbar, ohne Scham, ohne die mindeste Eigenliebe, wirklich von ganzem Herzen, dass meine Gedanken so von Mauern umgeben waren und ungestraft blieben.

Ich verspürte auch nicht wie sonst den Wunsch, bei gewissen Dingen erwischt zu werden, weil ich sie als Heldentaten empfand.

Ich weiß nicht, warum ich Don Daniel nie von meinen früheren Kindereien erzählt habe. Wenn ich ihm diese derart banalen Dinge erzählt hätte, hätte er gewusst, wozu ich fähig bin, und hätte einen Anhaltspunkt gehabt. Außerdem wäre ich durchaus fähig gewesen, es ihm zu erzählen, wenn ich nicht ausgerechnet im Zusammenhang mit ihm rückfällig geworden wäre. Aber die Begebenheit war an und für sich schon ein Geheimnis, und Heimlichkeit stand so im Gegensatz zu dem, was ich wollte, dass ich mich fühlte, als hätte mich ein widerwärtiger Feind überwältigt. Das genau war es, genau diesen Sinn gab ich dem Wort »Respekt«. Wie trübe, wie fad ist es, wenn sich Heimlichkeit mit dem vermischt, was man liebt! Und das Erniedrigendste daran ist, dass sie einen beherrscht, obwohl ihre Macht nur äußerlich ist. Drinnen, wo ist sie da?

Wenn das Geheimnis in seiner Welt lebt und weiß, dass es aus diesem geheimen Bereich auf keinen Fall heraus darf, gibt es nichts, was es aufhält. Als ich glaubte, im Heiligen Grab zu leben, habe ich niemals solche Skrupel empfunden. Natürlich war das auch ein Geheimnis, aber nur für die, die es nicht betraf. Dieses Geheimnis jedoch lastete auf meiner Brust, ließ mich nicht einschlafen, verwirrte mich, gab mir Gedanken wie diesen hier ein: Es ist etwas, auf das ich kein Anrecht habe. Und nachdem ich es gedacht hatte, rief ich aus: »Noch so ein grässliches Wort.« Und so ging es die ganze Nacht lang.

Die Ritzen in den Fensterläden zeichneten sich allmählich ab, die ländlichen Geräusche begannen, alles, was geruht hatte, begann sich zu regen, nur ich fand keine Ruhe.

Schließlich hörte ich die Glocke der Einsiedelei von Arrabal und dachte plötzlich: Bis nächsten Monat muss ich nicht zur Beichte gehen. Dieser Gedanke ließ mich alles in einem anderen Licht sehen. Ich dachte, so würde Zeit vergehen, die Gefühle würden nicht mehr so fiebrig sein, und ich würde sie vernünftiger ausdrücken können. Mit dieser Gewissheit konnte ich einschlafen, und es war schon nach acht Uhr, als mich etwas Ungewohntes weckte: ein beharrliches Hupen vor der Tür. In Simancas besaß niemand einen Wagen.

Unbekannte Stimmen drangen ins Haus, und dazwischen die meiner Tante, die so erregt war, dass man nicht wusste, ob sie weinte oder lachte.

Plötzlich begriff ich: Mein Onkel Alberto, seine Frau und ihre Tochter waren überraschend gekommen.

Natürlich kümmerte ich mich während der drei Tage, in denen sie bei uns waren, nur um sie.

Meine Tante Frida war nicht übel: vor allem war sie wunderbar angezogen. Doch Adriana gefiel mir noch viel besser: Sie war das schönste Mädchen, das ich je gesehen hatte. Sie war nur ein paar Monate älter und etwas größer als ich und dicker, doch sie wirkte so sehr wie ein kleines Mädchen, dass ich sie am liebsten immer auf dem Arm herumgetragen hätte.

Wir verbrachten den Vormittag im Garten: Da sie gut Spanisch sprach, erzählten wir uns viel. Später bei Tisch erfuhr ich, was sie vorhatten.

Mein Onkel beabsichtigte, einige Monate in Valladolid zu verbringen: Er wollte irgendwelche Gelder für seine Firma in Bern bekommen und war bereit, hierfür ein Gerichtsverfahren zu Ende zu führen, das seit einiger Zeit zwischen ihm und einigen Verwandten lief.

Natürlich interessierte mich diese Angelegenheit überhaupt nicht, aber auch wenn es jemand anderen interessiert hätte, wäre es vergebens gewesen, denn mein Vater ließ nicht zu, dass davon geredet wurde: »Frag mich nicht um Rat. Mach, was du willst, nur das, was du willst.« Und niemand brachte ihn davon ab.

Daher sprachen sie über die Pläne meiner Tante. Sie wollte nicht in Valladolid bleiben. Sie hatte das Museum und die Kirchen schon gesehen und hatte nun vor, mit ihrer Tochter im Auto bis zum September durch ganz Spanien zu reisen und dann mit oder ohne ihren Mann nach Bern zurückzukehren, falls dieser seine Angelegenheiten noch nicht geregelt hätte. Meine Tante Frida sagte plötzlich zu meinem Vater: »Laß mich Leticia mitnehmen. Sie wird es gut bei uns haben.«

»Kommt nicht in Frage!«, stieß mein Vater zwischen den Zähnen hervor.

Adriana sprang von ihrem Stuhl, umarmte meinen Vater, küsste ihn auf beide Wangen und sagte:

»Lass sie doch, Onkel, lass sie doch mitkommen.«

Mein Vater erwiderte ihre Küsse, schüttelte jedoch weiter den Kopf.

Ich sagte halblaut zu ihr:

»Warte, wir werden schon sehen.«

Meine Tante Aurelia wurde beinahe ohnmächtig. Da merkte meine Tante Frida, dass nichts zu machen war, und sie meinte, sie wolle das Archiv sehen. Dieses Wort erfüllte mich mit Beklemmung. Sie überredeten sie, es auf den nächsten Tag zu verschieben, und während dieser Diskussion fühlte ich mich wie in den Nebel meiner vergangenen und zukünftigen Sünden gehüllt. Denn plötzlich schoss mir die Erinnerung an ein nicht gelöstes Problem durch den Kopf, als wäre der vorangegangene Tag auf halbem Wege stecken geblieben, doch gleichzeitig interessierte mich das, was in diesem Augenblick bei mir zu Hause passierte, zu sehr, als dass ich mich jener Erinnerung hingeben konnte. Ich merkte, dass ich meine Sorgen beiseite schob, und das quälte mich. Mir fiel dazu nur ein: Warum sind sie bloß nicht zu einem anderen Zeitpunkt gekommen, an einem anderen Tag, an dem meine Beziehungen zu dem anderen Haus harmonischer waren?

Dann fragte ich mich: Aber was ist denn dort überhaupt geschehen? Und in Wirklichkeit war gar nichts geschehen.

Dennoch bemerkte ich, dass meine Gedanken, wenn sie sich dorthin wandten, auf einem mürben Seil balancierten. Ich konnte nicht genau sagen, wo die Schwachstelle war, aber ich fühlte sie und hörte den unglaublichen Dingen, die Adriana erzählte, nur mit einem Ohr zu.

Ihr Akzent war so witzig! Zwischen den einzelnen

Gängen vergnügte ich mich damit, ihre Zöpfe zu lösen, nur weil es mir so viel Spaß machte, sie wieder neu zu flechten.

Wir aßen schnell den Nachtisch, und ich weiß nicht, wie es passierte: Zweifellos kam es daher, dass ich, während ich Adriana zuhörte, gleichzeitig meinen Sorgen nachhing, die ich niemandem erzählen konnte. Jedenfalls deutete ich an, dass ich eine Pflicht oder Gewohnheit hatte, der ich täglich nachkommen musste, und dass sie an diesem Nachmittag dabei mehr oder weniger mitmachen müsse.

Wir spazierten also durch den Ort und redeten dabei immer miteinander und landeten schließlich, um die Zeit, in der die Kinder ihren Nachmittagsimbiss zu sich nahmen, bei Doña Luisa, die im Esszimmer am Tisch saß.

Ich kann mich nicht mehr daran erinnern, was ich gesagt habe, als wir hereinkamen. Es muss alles ganz natürlich geklungen haben, aber ich habe heute das Gefühl, dass ich eine ganze Weile lang taub war.

Ich muss irgendetwas gesagt haben, doch ich hörte weder meine Worte noch die der anderen im Ohr klingen. Ich erinnere mich nur daran, dass Doña Luisa der Kaffeekanne, die über ihrer flackernden Heizflamme mitten auf dem Tisch stand, den Rücken zukehrte, und dass Adriana, Luisito und ich sie schweigend ansahen.

Vor jedem von uns stand ein Becher mit heißer Milch, Doña Luisa goss uns einen Schuss Kaffee dazu und tat Zuckerwürfel hinein. Dann aßen wir alle möglichen Kekse und Kuchen. Dann wieder eine Lücke.

Dann sah ich Don Daniel, wie er sich eine Tasse Kaffee einschenkte und sie im Stehen in einem Zug austrank und wieder zur Tür hinausging, ich kann mich aber nicht daran erinnern, wie ich ihm erklärte, weshalb ich meine Studien unterbrochen hatte. Dennoch weiß ich, dass er mit mir und Adriana gesprochen hat, sonst hätte sie nicht zu mir gesagt, dass sie ihn sympathisch finde. Doch in meiner Erinnerung ist nur ein Satz übrig geblieben, den er im Hinausgehen, als er hinter mir vorbeikam, zu Doña Luisa sagte. Es war so etwas wie: »Da siehst du mal, wie dieser Springinsfeld mich völlig abgeschrieben hat.«

Aus dem Nebel dieses Nachmittags ragt noch eine andere Erinnerung heraus, und das war ein weiterer Konflikt, der über allem schwebte: Obwohl es schon einige Tage her war, seit sie es mir gesagt hatte, hatte ich mich noch nicht entschlossen, Doña Luisa »Luisa« zu nennen. Dennoch wollte ich nicht, dass sie glaubte, ich hätte vergessen, dass sie es nicht mochte. Ich hätte diese Veränderung allerdings nicht ohne weiteres akzeptiert, wenn sie nicht darauf bestanden hätte. Vor allem wäre es an jenem Tag vor Adriana Angabe gewesen.

So kam alles, was ich sagte, etwas gequält heraus und so, als hätte ich es darauf abgesehen, schnell wieder zu verschwinden.

Schließlich fing ich an, davon zu sprechen, dass wir in meinem Zimmer ein Bett für Adriana aufstellen müssten, weil ihre Eltern das Gästezimmer belegten, und das war alles.

Als wir zu Hause ankamen, war es schon aufgebaut. Vor dem Abendessen holte meine Tante Frida aus ihrem

Koffer viele Sachen, die sie für mich mitgebracht hatte: eine Jacke, auf die mit bunten Wollfäden Blümchen gestickt waren, dicke Socken, Schürzen aus buntem Batist.

Meine Tante Aurelia sagte ständig: »Und solche Sachen tragen die Mädchen bei euch?«

Sie gab darauf keine richtige Antwort, weil sie die Frage nicht richtig verstanden hatte. Ich beeilte mich zu sagen, dass ich alles wunderbar fand, und das stimmte: Es war wie eine Landschaft.

Während ihre Mutter die Sachen zeigte, die sie zum Teil selbst gemacht hatte, gab mir Adriana ein Päckchen und sagte: »Das habe ich bei unserer Abreise für dich gekauft. Es ist das Wappen der Stadt, in der ich geboren bin.« Es war ein in dunkles Holz geschnitzter Bär mit offenem Maul, weißen Zähnen und einer knallroten Zunge.

Ich brachte vor lauter Begeisterung nur noch »Oh« heraus.

Adriana verstand, dass er mir gefiel. Meine Tante Frida dachte: Sie ist ein braves Mädchen. Und ich sah beide an und sagte mir: »Aber woher wissen sie so viel?«

Nein, sagte ich, es ist unmöglich. Ich sah diese beiden blauen Augenpaare an und sagte mir immer wieder, dass sie nicht wussten, was sie dort drinnen trugen. Meine Tante hatte diese bunten Blümchen gestickt, Adriana hatte auf dem Bahnhof den kleinen Bären gekauft, aber wer hatte ihnen die Vorlage für das Bild gegeben, das sich aus all dem zusammensetzte. Verstanden sie überhaupt, dass ich die ganze Geschichte kannte, oder kannte womöglich nur ich sie und sie nicht?

Ich dachte an nichts anderes, als dass das Abendessen schnell vorbeigehen möchte, damit ich die ganze Nacht mit Adriana reden und sie über ihr Land ausfragen konnte.

Wie immer fiel die Wirklichkeit anders aus, aber nicht weniger prächtig. Adriana erzählte mir weder Geschichten von Bären noch von blumenübersäten Tälern, sie erzählte mir nur von ihrer Schule.

Sie beschrieb mir die Feier für die Schulabgänger, bei der sie eine Hauptrolle gespielt hatte, weil sie zu denen gehörte, die über den Unterricht hinaus am meisten konnten. Ihre Mutter hatte spezielle Hauslehrer engagiert, damit sie eine künstlerische Ausbildung erhielt: Sie konnte Ballett tanzen, und um es mir zu zeigen, holte sie ein Bein unter der Bettdecke hervor und streckte den rechten Fuß so, dass sich vom großen Zeh bis zur Hüfte eine gerade Linie bildete. Dann sagte sie, dass sie tanzen würde, damit ich es sehe, wenn ich dazu etwas summen könnte.

Sie fragte mich:

»Kannst du nichts von Mozart?«

»Nein«, sagte ich.

»Kannst du nicht einmal ein Menuett?«

»Nein, ich habe nie eins gehört.«

»Was kannst du denn überhaupt?«

»Was ich hier und da so höre.«

»Ich glaube, danach könnte ich nicht tanzen«, sagte Adriana und überlegte.

Ich begriff, dass sie, nachdem sie meine mangelnden Kenntnisse festgestellt hatte, nach etwas Einfachem suchte. Plötzlich sagte sie: »Ich werde die Pavane für dich tanzen, das hatte den größten Erfolg. Aber mir fehlt das andere Mädchen, das die Rolle des Marquis getanzt hat. Ich werde versuchen, beide Rollen zu tanzen …«

Sie zog das Nachthemd aus und dafür Hosen und Socken an, in deren Spitzen sie jeweils ein zu einem Ball zusammengerolltes Taschentuch stopfte, und sagte:

»Das wär's, nun geht's los. Zuerst kommt die Dame auf die Bühne.«

Sie versteckte sich hinter dem Schrank und kam plötzlich hervor.

Als sie hervorkam, hatte sie selbstverständlich nichts anderes an als vorher, als sie sich versteckte, dennoch war sie verändert.

Sie trat mit einigen unbeschreiblichen Schritten in die Mitte des Zimmers. Sie setzte nur selten die Ferse auf den Boden, und wenn sie es tat, dann nur, damit das Spiel der Wade noch bemerkenswerter wurde, wenn sie den ganzen Körper emporhob und auf der Zehenspitze ruhen ließ.

Währenddessen trällerte sie eine zarte Melodie und fasste den Rock mit beiden Händen, oder sie ließ sie am Körper herabhängen und nebeneinander von einer Seite zur anderen schwingen, als würde sie der Wind bewegen.

Dann beugte sie ein Knie, streckte das andere Bein nach hinten und begann Blumen vom Boden zu pflücken.

Plötzlich sprang sie auf, verschwand hinter dem Schrank und sagte:

»Jetzt kommt der Marquis.«

Als sie herauskam, war sie ein kleiner Herr, der das

Lorgnon vor die Nase hielt und beim Gehen etwas zitterte. Sie näherte sich dem Platz, an dem die Dame Blumen pflückte, und bat sie um eine. Sie wollte ihm keine geben. Er flehte sie an, kniete nieder, während sie gleichgültig an ihm vorbeiging.

Sie ging an ihm vorüber, denn Adriana machte plötzlich diese wunderbare Bewegung und stand auf den Zehenspitzen, dann wirbelte sie, als hätte sie Blumen im Arm, mit verächtlichen Gesten um die Stelle herum, an der der Marquis kniete. Er streckte die Hände aus und machte dann einige Gesten, als wollte er ihr Ketten und Ohrgehänge schenken. Sie warf die Blumen fort und gab ihm einen Kuss.

Als sie ihm den Kuss gab, war sie ganz und gar zu einem Schmetterling geworden: Auf der rechten Zehenspitze stehend, das linke Bein fast waagerecht nach hinten in die Luft gestreckt, den linken Arm in derselben Richtung, den Körper etwas zu dem Knieenden geneigt, das Kinn in die gespreizte rechte Hand gestützt, als würde sie den Kuss darauf heruntergleiten lassen.

Dann fassten sie einander bei den Händen und tanzten die Pavane.

Sie tanzten sie beide, denn sie ergänzten sich mit einer solchen Leichtigkeit, dass das Bild des einen nicht verwischte, bevor der andere erschien.

Plötzlich hörten wir, wie jemand an die Wand klopfte und wie Tante Frida rief: Adrgiana! Wir waren still.

Adriana sprang ins Bett und zog die Decke über den Kopf. Ich bemerkte zum ersten Mal, dass meine Tante *Adrgiana* sagte, und fragte leise:

»Hör mal, warum haben sie dir nicht einen Namen aus deinem Land gegeben?«

Adriana guckte unter der Decke hervor und machte ein Gesicht wie jemand, der eine uralte, zauberhafte Geschichte erzählen will, an die er sich schlecht erinnern kann. Sie sagte zu mir:

»Weißt du, meine Eltern haben sich an der Adria kennen gelernt. Mama studierte in Italien Archäologie ...«

Ich wollte nicht weiterfragen, ich hielt sie sogar mit einer Geste zurück, als wollte ich sagen, dass ich verstanden hätte. Außerdem sah ich, dass sie müde war, und machte mich daran, das Licht zu löschen. Ich erinnere mich, dass ich in dem Augenblick, als ich den Knopf des Lichtschalters herunterdrückte, an meinen Vater dachte und mir vorwarf, nicht in sein Zimmer gegangen zu sein, um zu sehen, ob er schon im Bett lag, um ihm herzurichten, was er noch brauchte, als würde ich es jeden Abend so machen, dabei hatte ich es noch nie gemacht.

Am nächsten Tag wurde versucht, die Wünsche der einen mit den Pflichten der anderen unter einen Hut zu bringen, was zu so absurden Kombinationen führte, wie sie nur der Zufall hervorbringt.

Meine Tante Frida begann, sobald sie aus dem Bett gesprungen war, vom Archiv zu sprechen. Ich wollte, koste es, was es wolle, dass Adriana vor Doña Luisa tanzte. Mein Vater wollte überhaupt nichts. Tante Aurelia sagte, wenn es sich nicht vermeiden ließe, müsse sie wohl irgendwohin mitgehen. Mein Onkel Alfredo wollte alles, was die anderen wollten. Adriana wollte, was ich wollte.

Jeder machte sich eilig daran, seine Pläne in die Tat umzusetzen. Ich wagte mich vor, um meine einzuleiten, und sagte:

»Bevor wir ins Archiv gehen, schauen wir beide bei Doña Luisa vorbei, um zu sehen, ob sie die Musikstücke hat, nach denen Adriana tanzt, und um ihr zu sagen, dass wir hinterher noch etwas bei ihr bleiben wollen.«

Niemand hatte etwas dagegen.

Die Stille der Siesta erlaubte uns, heimlich wegzugehen, als wäre es am frühen Morgen. Als wir draußen waren, wollten wir nicht unsere steile Straße hinaufrennen. Wir gingen auf der Schattenseite dicht an der Mauer entlang.

Wir waren noch nicht fünfzig Schritte gegangen, als wir energische Schritte hörten, die uns einholten. Adriana drehte sich um. Es war ihre Mutter.

Noch bevor sie bei uns angelangt war, sagte sie:

»Ich möchte den Ort sehen. Warum soll ich eigentlich immer im Haus herumsitzen, immer nur im Haus? Das ist etwas für Verrückte.«

Wir lachten gequält.

»Wohin geht ihr?«, fragte meine Tante.

»In dieses Haus da«, antwortete ich und zeigte darauf.

»Nun gut, ich verlasse euch an der Tür und gehe ein wenig spazieren, bis es Zeit ist, das Archiv zu besuchen. Dort treffen wir uns dann alle. Ich bin nur weggegangen, damit Aurelia sich langsam fertig macht, und außerdem, damit sie einen Augenblick allein mit ihrem Bruder reden kann. Wer weiß, ob sie ihm nicht ein kleines Geheimnis anvertrauen will!«

Wir waren schon bei Doña Luisas Tür angelangt, meine Tante Frida hatte jeder von uns eine Hand auf die Schulter gelegt und gab weiterhin ausgefallene Sätze über die Familie zum Besten. Die Tür war angelehnt, und dort drinnen, im Bereich des grünen Lichtes, ging eine zarte Figur vorbei. Ich sah aus dem Augenwinkel, wie sie tatkräftig, entschlossen und schnell wie immer ihre Arbeiten erledigte. Ich sah, ohne es verhindern zu können, dass sie stehen blieb, den Gang entlangkam und zur Tür ging. Sie hatte mich sprechen gehört.

Sie machte die Tür weit auf, begrüßte uns mit ihrem unmerklichen Lächeln und sagte zu Adriana:

»Ist das deine Mutter?«

Meine Tante trat vor, um sie zu begrüßen.

»Wollen Sie nicht einen Augenblick hereinkommen?«, sagte Doña Luisa mit Nachdruck.

Ihre einladende Handbewegung, als sie über die Türschwelle winkte, war eine eindeutige Aufforderung.

Es blieb uns nichts anderes übrig: Ich beschloss, wieder taub zu werden.

Ich wollte Adriana unbedingt zu Doña Luisa mitnehmen, damit sie sie sah, aber dass meine Tante Frida dorthin kam, um zu sehen, was es alles in diesem Haus gab, was alles Doña Luisa gemacht hatte, ärgerte mich, obwohl ich wusste, dass sie alles schön finden würde und jemand war, der es beurteilen konnte.

Ich sagte mir immer wieder: Wir verlieren Zeit. Tante Frida war gekommen, um das Archiv zu sehen, sie wollte den Ort und dann ganz Spanien sehen. Warum wollte sie jetzt ausgerechnet auch noch dieses Haus sehen?

Sie gingen ins Arbeitszimmer. Ich hielt Adriana zurück und bat um Erlaubnis, in den Salon hinaufzugehen.

Wir rannten hinauf, und während ich die Tür aufmachte, sagte ich:

»Das Haus ist erst halb fertig eingerichtet.«

Adriana kümmerte sich nicht um mich, noch betrachtete sie den leeren Salon. Das gefiel mir an ihr. Sie ging gleich los, um die Noten durchzublättern, legte einige Hefte beiseite und sagte, sie habe ihre Lieblingsstücke gefunden. Sie öffnete den Flügel, spielte eine Tonleiter, aber ich ließ sie nicht weiterspielen, weil ich annahm, die Kinder würden noch ihren Mittagsschlaf halten.

Als wir wieder herunterkamen, saß meine Tante allein im Arbeitszimmer. Sie hatte Doña Luisa überredet, mit uns zum Archiv zu gehen, und sie dazu gebracht, sich umzuziehen.

Ich nahm Adriana wieder an die Hand und zog sie mit in den Garten, zeigte ihr den leeren Taubenschlag, die Weinlaube und den Brunnen. An diesem Tag gab es viel anzusehen.

Schließlich machten wir uns mit den beiden Frauen auf den Weg, sahen die Straßen am Hang, von wo aus man das Ufer des Pisuerga erkennen konnte. Wir sahen die Kirche von allen vier Seiten und einige Fassaden von Herrenhäusern. Dann gingen wir uns das Archiv ansehen.

Meine Tante Aurelia und mein Onkel Alberto warteten am Tor auf uns, und wir gingen alle in das Büro von Don Daniel, dem unser Besuch schon angekündigt worden war.

Wir blieben nur einen Augenblick dort, doch ich sah

seinen Schreibtisch und die Atmosphäre, in der er täglich arbeitete, umgeben von seinen Sekretären und Amtsdienern.

Die ganze Truppe besuchte dann im Gänsemarsch die Säle mit den Bücherregalen, den Vitrinen und Pulten.

Ich wollte so gern, dass Adriana sich mit mir in die Höhlungen setzte, die die Fenster in der Mauer bildeten, und dass die anderen allein losgingen, um irgendwelche Sachen zu besichtigen, denn hier gab es wirklich etwas zu sehen: Von einigen Fenstern aus sah man graue, tiefe Innenhöfe, von anderen die Ebene. Hier gab es alles: An einigen Stellen ragten zerbrochene Eisenteile aus der Wand, und man konnte nicht erkennen, wozu sie gedient hatten, oder Spuren im Stein wie vom ständigen Reiben von Gott weiß was.

Ich war mir ganz sicher, dass ich, wenn ich mich hätte konzentrieren können und eine Weile still auf diesen zu beiden Seiten der Fenster in die Mauer gearbeiteten Bänken gesessen hätte, schließlich alles verstanden hätte, alles so gesehen hätte, wie es einst einmal gewesen war, aber sie ließen uns nicht einen Augenblick in Ruhe. Wir mussten ihnen folgen, in den nächsten Saal gehen, wo die Briefe von Heiligen und Königen verwahrt wurden.

Meine Tante rief ständig: »Adriana, komm her, schau dir das mal an!« Sie wies sie auf ein Datum, irgendein Detail hin, und damit sie es behielt, sagte sie zwei oder drei Worte auf Schweizerdeutsch zu ihr.

Dann besichtigten wir die Keller, die Burggräben, die zwei Brücken. Danach gingen wir endlich ins Freie. Es waren schon Sterne am Himmel zu sehen.

Ich sah, wie wenig Zeit mir noch blieb, doch als ich mich daranmachen wollte, sie einzuteilen, entnahm ich der Unterhaltung, dass Tante Aurelia sie zu uns eingeladen hatte, und sie alle schon auf dem Weg dahin waren.

Es war nicht zu glauben: Der Augenblick der Pflichterfüllung war gekommen. Meine Tante Aurelia war es ihnen schuldig. Sie sagte das Woche für Woche und hatte nun diesen Nachmittag ausgenutzt, an dem sie durch die Unterstützung ihrer Brüder mehr Kraft hatte.

Es gab Süßigkeiten und Malagawein. Die Haushälterin trug die Tabletts herein, und meine Tante goss die Gläser so sorgfältig voll, als handelte es sich um Medizin.

Ich nahm an allem, was passierte, nur in einer Ecke des Salons teil. Mein Vater, der in seinem Sessel saß, hatte die Pose des Genesenden wieder eingenommen. Natürlich gab ihm die Tatsache, dass seine Behinderung endgültig war, die Gelegenheit dazu, aber die Berichte aus dem Feld, die im Haus nie mehr zu hören gewesen waren, kamen nun unter dem Vorwand wieder zum Vorschein, dass mein Onkel nicht in Spanien gewesen war, als mein Vater aus dem Krieg zurückkam, und wurden von der Hündin aufmerksam verfolgt. Aber das dauerte nicht lange: Meine Tante Frida nahm einen Stuhl, setzte sich neben Don Daniel und versuchte, seine Aufmerksamkeit mit Fragen über die Dinge auf sich zu ziehen, die sie im Archiv gesehen hatte. Er jedoch wollte dem Bericht meines Vaters weiter zuhören: Er schien ihn sehr zu interessieren, mein Onkel Alberto dagegen verstand nicht, dass er ihn mehr interessierte als das, was seine

Frau erzählte, und Don Daniel verdoppelte seine Aufmerksamkeit meinem Vater gegenüber, als wollte er sich bereit finden, diese so lästige Pflicht ganz allein auf sich zu nehmen.

Da sie weiterhin für sich saßen, brachte ihnen Tante Aurelia erneut Konfekt. Ich nutzte die Gelegenheit, mit der einen Hand Doña Luisa, mit der anderen Adriana bei der Hand zu nehmen, und zog sie ins Esszimmer. Ich schloss die Tür und bat Adriana eindringlich darum, zu tanzen.

»Egal wie, aber mach es so wie gestern Abend. Es war zwar improvisiert, aber wunderbar.«

Sie wollte nicht. Ich gab nicht nach.

»Tanz' bitte. Wenn du noch lange dazu brauchst, um dich zu entscheiden, kommt jemand und sagt, es geht nicht. Ihr fahrt doch schon morgen wieder weg! Wenn du es jetzt nicht machst, wird es keine andere Gelegenheit mehr geben.«

Adriana zog ihre Schuhe aus, versteckte sich hinter dem Buffet und sagte: »Die Dame.«

Ihre Stimme war nicht die vom Vortage, doch sie fing an zu tanzen. Ich war mir sicher, dass sie allmählich warm werden würde, aber sie hatte keine zehn Schritte gemacht, da stürmte die Haushälterin ins Esszimmer, ging an ihr vorbei, holte tausend Sachen aus dem Buffet und ging endlich wieder.

Meine Blicke wanderten von Adriana zu Doña Luisas Gesicht. Ich wollte sehen, ob sie in ihr dieselbe Begeisterung hervorrief wie bei mir am vorangegangenen Abend, und sah, dass es ihr durchaus gefiel, sie jedoch ihre Aufmerksamkeit gleichzeitig dem Tanz und dem Eifer widmete, den ich darauf verwandte, sie dazu zu bringen, den Tanz zu bewundern. Ich drückte ihren Arm und sagte:

»Ich habe den ganzen Tag lang überlegt, wie ich es Ihnen zeigen könnte. Finden Sie nicht auch, dass es sich lohnt?«

Ihre Antwort hörte ich nicht mehr: Meine Tante erschien und wollte Doña Luisa aus der unangenehmen Lage befreien, in die sie sich durch ihre Nachgiebigkeit gebracht hatte. Meine Tante sagte zu ihr:

»Kommen Sie, in Gottes Namen, diese Mädchen halten Sie hier mit ihren Pantomimen fest.«

Als meine Tante hereinkam, spielte Adriana gerade den Marquis.

Doña Luisa wollte protestieren, aber es half nichts: Sie holten sie heraus, und alles war zu Ende.

Im Salon redeten sie immer noch über blödsinnige Dinge. Schließlich standen sie auf, um zu gehen.

Als sie schon in der Tür stand, sagte Doña Luisa noch einmal zu Adriana, wie sehr ihr ihr Tanzen gefallen habe. Sie gab ihr zwei Küsse und sagte zu ihr, wie sie es am ersten Tag zu mir gesagt hatte:

»Auf Wiedersehen, Liebling.«

Dann verabschiedete sie sich von mir und sagte »Auf Wiedersehen«. Sie legte den Arm um meine Schultern, drückte mich fest an sich und gab mir einen Kuss. Sie küsste mich auf die Wange, neben das Auge. Ich fühlte ihre Lippen zwischen meinen Wimpern. Sie hielt mich lange an sich gedrückt. Die Straße lag im Dunkeln, und ich betrachtete sie während der Umarmung wie eine

Blinde, die mit dem Tastsinn liest. Die Kraft ihres schlanken Arms blieb in meine Schulter eingeprägt. Ich spürte, wie sich der Knochen, der sich am Halsansatz abzeichnet, gegen meinen Kinnladen preßte, und gleichzeitig kam er mir so zerbrechlich vor. Ich weiß nicht, ob es das Parfüm war, das sie trug, oder ob es die Umrisse ihrer Brust waren, die mich an jenen Tag erinnerten, als ich ihre durchsichtige, von blauen Adern durchzogene Haut gesehen hatte.

Diese Umarmung, dieser Kuss, der länger als sonst gedauert hatte, halfen mir, Doña Luisa besser kennen zu lernen, obwohl ich das, was ich an ihr kannte, immer noch nicht ausdrücken konnte. Die ganze Nacht lang dachte ich darüber nach und fand, dass ich diese unendliche Zärtlichkeit nicht verdiente.

Am nächsten Tag fuhren die Reisenden schon früh ab. Adriana und ich hatten alle Möglichkeiten ausgelotet, die es geben könnte, mich mitzunehmen, und wir waren zu dem Schluss gekommen, dass es keine gab, denn der Einzige, bei dem wir eine Chance hätten haben können, unser Vorhaben durchzusetzen, war mein Onkel, und im Augenblick musste er all sein Geschick aufwenden, um meinem Vater einige grundlegende Worte hinsichtlich des Prozesses zu entlocken. Wir dachten, dass Adriana, wenn der Prozess günstig ausgehen sollte, vielleicht ihren Vater bitten könnte, sich, um seinen Erfolg zu feiern, unserer Sache anzunehmen, und wer weiß, ob er nicht vielleicht auch hierbei siegreich gewesen wäre.

Natürlich hätte auch ich triumphieren können, doch da das eine Niederlage für meinen Vater bedeutet hätte, wollte ich nicht, dass er merkte, dass ich Partei für meinen Onkel ergriff.

Seit er angekommen war, hatte ich deutlich bemerkt, dass mein Vater in ihm einen von der Natur Bevorzugten sah. Mein Onkel war ein Jahr älter und sah aus wie sein Sohn. Er trug seine hellen, ausländischen Anzüge nachlässig. Er sah spanischer aus als mein Vater, und man spürte, dass er damit in der Schweiz kokettierte. Der blonde Schnurrbart meines Vaters war schon fast ganz weiß geworden: Er wirkte wie einer dieser besiegten Gallier, die man auf Illustrationen sieht.

Sie reisten also ab, und alles war so wie vorher. Wenn auch nicht ganz so wie vorher: Adrianas Spuren brauchten lange, bis sie verblassten.

Da war etwas, das mir wehtat und mich bedrückte: dass man glauben könnte, meine Begeisterung für sie sei eine Kinderei.

Allein Doña Luisa hatte es verstanden. Wie seltsam! Ich bin mir ganz sicher, dass sie, wenn ich ihr erklärt hätte, was Adriana für mich bedeutete, nicht diejenige gewesen wäre, die es am besten verstanden hätte, und dennoch brauchte sie mir nur ein paar Mal ins Gesicht zu sehen, als ich ihren Arm im Esszimmer drückte.

Don Daniel hingegen hatte am darauf folgenden Tag zu mir gesagt:

»Nanu, ist das Marzipanmädchen schon wieder weg?«

Und er fing an, zu spät zum Unterricht zu kommen.

In seinen Erklärungen lag auf einmal eine Kälte, als bereute er, mich zuvor so ernst genommen zu haben.

Was konnte ich da tun? Ihm eine Ansprache darüber halten, was ich über Adriana dachte? Das traute ich mir in keiner Weise zu. Ich hatte ihn mit meinem Gefühl nicht anstecken können. Wie sollte ich ihn da mit Gedankengängen überzeugen, die völlig unbeholfen sein würden.

Auch ich zog mich zurück. Anstatt zu lernen, brachte ich Doña Luisa dazu, dass sie sich an den Flügel setzte und für mich ganz allein die Stücke spielte, die Adriana zur Seite gelegt hatte. Sie zögerte nicht, mir den Gefallen zu tun.

Damals kamen die Chormädchen schon lange nicht mehr. Die beiden Jungen spielten jetzt miteinander im Wintergarten beim Esszimmer, und wir beide hielten uns im Salon auf, der sich mit Musik füllte wie ein Glas, das von einem Wasserstrahl gefüllt wird.

Der Salon war noch immer leer, aber er sah nicht mehr wie eine Rumpelkammer aus mit aufgerollten Kabeln über der Tür und Streichholzschachteln auf dem Fußboden. Jetzt war er peinlich sauber, die Fensterscheiben makellos, die Läden mit Pottasche und die Schwellen am Fenster mit Sand gereinigt. Doña Luisa fand nur nie Zeit, die alten Möbel, die sie haben wollte, bei den Versteigerungen in Valladolid zu erstehen.

Um ihr zuzuhören, hatte ich mir die Balkontürleibung ausgesucht, die am weitesten entfernt war. Ich setzte mich auf den Boden, lehnte mich an einen Fensterladen und sah alle Figuren, die die Musik wie Vorlagen für Adrianas Tanz bildete. Alles war in ihr vorgegeben: ihre kleinen Schritte, ihre Verbeugungen. Es wurde dunkel, doch Doña Luisa spielte weiter, denn sie spielte auswendig.

Manchmal verschwand Adrianas Bild, weil die Musik, obwohl sie der anderen immer noch ähnlich war, dramatischer, ich würde sogar sagen, heroischer wurde. Der Takt passte nicht mehr zu Gesten, mit denen man Blumen pflückte oder eine Dame begrüßte. Er hatte etwas Verzweifeltes, ohne dass die Ruhe verloren gegangen wäre. Mir schien, als würde dies Gefahr bedeuten, die Schwelle zum Tode. Die Figuren drückten jetzt keine tänzerischen, sondern Fechtbewegungen aus.

Im Halbdunkel des Salons schwebten erstaunliche Geistergestalten, doch manchmal konnte ich nur die einzig wirkliche Gestalt anschauen, die es dort gab, mit ihren breiten, knochigen Schultern, ihrem weiten Kleid und ihren roten Pantoffeln, die auf den Pedalen spielten.

Trotz dieser Schultern wurde mir erneut Doña Luisas Zerbrechlichkeit bewusst. Die braunen Locken, die nie am Kopf festgesteckt waren, waren durch die lebhafte Musik noch zerzauster, und ich dachte manchmal, es liege etwas darin, was ihr schaden könnte.

Das ist mir schon häufiger passiert: Wenn ich von starken Gefühlen erfüllt bin, wenn es so scheint, als wären meine fünf Sinne ganz und gar von etwas gefangen, ist es, als würden meine Fähigkeiten ins Hundertfache gesteigert und über den Bereich, an den sie gefesselt zu sein scheinen, hinausströmen, und ich sehe dann plötzlich ganz nebenbei etwas, das mit dem, was meine Gefühle geweckt hatte, nichts zu tun hat. Diese Visionen lenken meine Aufmerksamkeit nicht ab, geraten jedoch auch nicht in Vergessenheit: Sie kreisen wie Trabanten um die Gefühle im Mittelpunkt, ohne je ganz zu erlöschen.

Unten im Arbeitszimmer war sogar der Arzt wieder aufgetaucht. Wenn ich vom Salon herunterkam und das berühmte Gespräch hörte, das sie schon wieder aufgenommen hatten, hatte ich das Gefühl, wie eine Schiffbrüchige in meiner eigenen Wut zu ertrinken, und sagte mir: Wozu komme ich denn überhaupt her? Wie habe ich jemals glauben können, hier irgendetwas zu bedeuten? Doch ich ging hinein und schlug ein Buch auf oder sagte, ich hätte schon zu Haus gelernt.

Don Daniel trat an den Tisch und redete herablassend mit mir. Währenddessen langte der Arm des Arztes über meinen Kopf hinweg und holte eine Zigarre aus dem Affen. Dann ging er mit der Zigarre unterm Schnurrbart, die Nase in ein Buch gesteckt, in eine Ecke des Arbeitszimmers und murmelte etwas vor sich hin. Don Daniel sagte: »Was? Wie?« Und da der andere keine deutlichere Antwort gab, ging er zu ihm hin, um selbst nachzulesen, was der andere gesagt hatte.

In ihrem famosen Gespräch gab es ein neues Thema, ein Thema, das nur der Arzt immer wieder ansprach: Er hob Don Daniel ständig in den Himmel.

Seit er die fertig eingerichtete Bibliothek gesehen und alle die Tausende von Büchern gezählt hatte, ließ er keine zehn Minuten vergehen, ohne auf Don Daniels Bildung anzuspielen, und merkte nicht, dass er bei ihm damit keinen Eindruck machte. Dieser antwortete ihm ausweichend, mit Witzen, machte sich über seine eigene Bildung lustig. Eines Tages sagte er zu ihm, um die klebrigen Lobhudeleien abzuschütteln:

»Was wollen Sie denn! Man wird dazu geboren, vergessen Sie das nicht.«

Ich drehte mich um. Don Daniel zeigte auf eine Ecke in der Bibliothek: »In diesem Schinken habe ich mein vierzehntes Lebensjahr begraben.«

Die Augen des Arztes schwollen an wie eine Wasserblase, und er wiederholte eine geraume Weile nur:

»Wirklich erstaunlich! Wirklich erstaunlich!«

Don Daniel hatte seine Hand auf ein Werk gelegt, das auf einem Bord am Ende des Raumes in Kopfhöhe stand. Ich sah genau hin. Es waren neun milchkaffeebraune Bände.

Am nächsten Tag kam ich früh und sagte zu Doña Luisa, dass ich zu Hause nicht zum Lernen gekommen sei. Ich schnappte mir den ersten Band und schlug ihn auf.

Die erste Seite gab mir nach wenigen Minuten Lektüre das Gefühl, als ginge die Welt unter.

Ich sah mir das Buch von außen an, las den Titel noch einmal: *Geschichte der Ästhetik in Spanien*. Ich schloss die Augen und las dann weiter.

Wenn es nicht unvorstellbar wäre, würde ich glauben, dass ich mit geschlossenen Augen gelesen habe, so aussichtslos erschienen mir meine Bemühungen.

Ich weiß nicht, wie viele Seiten ich schon geschafft hatte, da hörte ich Schritte und stellte das Buch schnell an seinen Platz zurück. Die Unterhaltung näherte sich schon auf dem Flur.

Kurz darauf nistete sich hinter mir eine große Finsternis ein, eine Art Gewitterwolke, und dahinter standen die siebentausend Bücher voller Verachtung, voller Bosheit, verschlossen, obwohl sie sich öffnen ließen. Denn man wird zu etwas geboren, sicher, aber warum muss man so viele Wege ausprobieren, um herauszufinden wozu?

Jeder Gedankengang, der darauf abzielte, meine Beklemmung zu lindern, erschien mir töricht. Mir fiel nur ein, in der Erinnerung an Sätze anderer Menschen, die ich früher als böswillig empfunden hatte, etwas Beruhigung zu suchen. Sätze meiner Großmutter, die ihren Wunsch, mich zu kritisieren, nur schlecht verhehlten:

»Dieses Kind redet wie ein Buch.« »Dieses Mädchen besteht nur aus einem Kopf.«

Nun ja, sagte ich mir damals, wenn das meine Bestimmung ist, warum kann ich dann hier keinen Zugang finden?

Ich wusste nicht weshalb, Tatsache war aber, dass ich es nicht konnte.

Die Wörter aus dem Buch, das ich versucht hatte, mir einzuverleiben, blieben eine formlose Masse, ein Sumpf, in dem ich versank. Dennoch wusste ich, dass andere darauf vorwärts gekommen waren. Dennoch lag dieses Weiche, Schleimige, das ich spürte, nicht an dem Terrain, das ich durchqueren wollte, sondern in meinen Füßen.

Während ich das dachte, kaute ich auf dem Federhalter herum und nahm den verzweifelten Tintengeruch wahr. Der Tisch, die Schreibunterlage, alles war voller Tintenflecke, die diesen Geruch ausdünsteten, der so bitter war wie der, der aus der Wiege des kleinen Sohnes vom Gärtner aufstieg, und dieser Geruch war so grämlich, als würde er von der Unentschlossenheit und der Unbeholfenheit eines Neugeborenen herrühren, das im Todeskampf zu liegen scheint: Denn die Leute merken nicht, wie sehr die Säuglinge mit ihren Schwierigkeiten kämpfen, und finden ihr Gezappel niedlich. Wo es doch schrecklich ist!

Das zu greifen versuchen, was rechts liegt, und nicht weit genug greifen können oder vorbeigreifen, sich darauf stürzen und es umstoßen und die Arme dabei immer in der Luft halten und nicht wissen, ob man weinen oder lachen soll.

Genauso war mein Kampf: Einen Absatz lesen und ihn nicht verstehen, wieder zurückgehen, weiterlesen und einen Satz finden, der hin und her taumelt, weil die Hälfte unverständlich ist, hier und dort alltägliche Wörter finden und dazwischen Brücken und dunkle Gassen, die unpassierbar sind, und wenn man es trotzdem schafft, ist es so, als sei man keinen Schritt weitergekommen.

Warum warnen die anderen einen nicht vor so etwas? Ihre Methode ist es, sich immer am Rand zu halten. So empfand ich sie, sie standen hinter mir und schauten zu, ob ich in diesem trüben Wasser unterging oder nicht.

Aber sie warteten nicht einmal auf das Ergebnis, denn sie wussten nicht, dass ich diesen Kampf kämpfte.

Sie gingen weg, gingen an mir vorbei und machten die Tür zu.

Langsam, wie jemand, der sich selbst davon überzeugen will, dass er keine Angst hat, nahm ich das Buch wieder und schlug es auf. Ich strengte mich an, langsam voranzukommen, und ging durch Schatten oder in gleißendem Licht, aber ich kam voran, ohne mich beirren zu lassen. Zwei, drei, fünfzehn Seiten gelbes Papier mit Bleistiftnotizen am Rand, mit Flecken wie von etwas Süßem, mit zerquetschten Insekten im Falz zwischen den Seiten. Ich sah das, weil ich sehr langsam las. Später las ich schneller, und dann sah ich keine Einzelheiten mehr.

Mir kam es so vor, als wäre dort von einem bekannten Ort die Rede, es wurde keine Landschaft beschrieben – und selbst wenn es so gewesen wäre, hätte ich sie nicht kennen können, da ich unsere Provinz noch nie verlassen hatte –, aber ich fühlte, dass die Dinge, von denen die Rede war, sich ganz in der Nähe befanden. Was ich schließlich ganz und gar verstand, war die Beschreibung der Pferde, die den Wagen der Seele ziehen. Ihre Züge hoben sich von den Seiten ab wie jene Bilder, die aus dem Rahmen treten: Ein Pferd, vollkommen und mit klaren Formen, gehorchte den Befehlen des Wagenlenkers; das andere war erregt und eigensinnig, hatte rote Augen und eine zerzauste Mähne.

Ich wusste nicht, wo ich das alles schon einmal gesehen hatte, und wirklich kann ich versichern, dass ich es noch nie gesehen hatte. Vor allem, weil es sich nirgendwo und überall befand: Es war wie eine himmlische Vision, aber wenn sie sich im Himmel befand, musste sie sich genau in dem Teil befinden, der der Provinz Valladolid entsprach. Mir war, als hätte ich es immer an unseren Himmel gemalt gesehen wie an der Decke eines dieser eindrucksvollen Säle, in denen sich Richter und hohe Beamte aufhalten.

An welcher Freude könnte man teilhaben, wenn man immer unter einer derart bemalten Decke lebte.

Die eine oder andere hatte ich schon gesehen, ich glaube in der Universität oder im Rathaus. Ich erinnere mich daran, wie ich sie von der Tür des leeren Saales aus sah. Ein Pedell wischte Staub und holte zwei Katzen zwischen den Beinen der Stühle hervor, unter denen sie sich versteckt hatten, und ich dachte mir, dass so die Säle aussehen müssten, in denen Recht gesprochen wird.

Warum weiß ich nicht, aber von der Schwelle dieser Tür aus sah ich dieses Wort »Recht« in einem erhabenen Licht, obwohl es normalerweise zu denen gehörte, die ich verabscheute. Immer hörte ich die anderen sagen: Das ist gerecht, das ist nicht gerecht. Und ich sagte mir: Eure Gerechtigkeit ist mir egal. Unter so einer Decke hingegen empfand ich es ganz anders.

Ich weiß nicht, ob mich diese Gedanken aus dem Buch herausholten oder mir dabei halfen, in das Buch einzudringen. Ich las nur wenig mehr und hatte das Gefühl, es ganz gelesen zu haben.

Von dem Augenblick an hatte der Gedanke, ich könnte etwas, was darin stand, nicht verstehen, nichts Erniedrigendes mehr. Alles darin war so vollkommen und richtig, dass die Tatsache, dass es lange dauerte, bis dahin vorzudringen, keine Niederlage mehr bedeutete.

Als ich aus dem Arbeitszimmer ging, saß Doña Luisa im Esszimmer. Beim Abschied legte ich ihr den Arm um die Taille und zog sie mit zur Tür. Wir blieben eine Weile dort stehen, und ich hätte ihr gern von dem erzählt, was mich beschäftigte. Aber wie immer sagte ich nichts. Ich hoffte, was sich in meinem Kopf befand, würde durch meinen Arm hinunterfließen, in ihre Taille dringen und in ihren Kopf aufsteigen. Nach einer Weile sah sie mich eindringlich an und sagte zu mir:

»Es hat lange gedauert, bis du dich wieder ans Lernen gemacht hast.«

»Woher wissen Sie das …?« Ich wollte gerade »Doña Luisa« sagen, aber sie sah mich an, bevor ich das »D« aussprach, und ich sagte nur »Luisa«.

Sie sagte: »Ich weiß nicht woher, aber ich weiß es.«

Daraufhin ging ich, und am nächsten Tag kam ich in so ausgeglichener Stimmung wie in den besten Tagen wieder. Ich ging leichtfüßig durch die Straßen, fühlte, dass über den grauen Wänden der Häuser der blaue Himmel lag, an dem die beiden Pferde entlanggaloppierten, und als ich ankam, nähte Doña Luisa im rechten Teil des Wintergartens, Don Daniel las auf dem Sofa im Arbeitszimmer, und der Arzt war nicht da. Mehr konnte ich nicht verlangen.

Ich schlug die Bücher auf, sagte absichtlich nichts, um ihn nicht von seiner Lektüre abzulenken, doch hin und wieder richtete er ein paar Worte an mich. Dann kam er an den Tisch, schlug wie von ungefähr ein Geschichtsbuch auf und fing ebenso unabsichtlich an, mir vom Römischen Recht zu erzählen.

Sogar das fiel mir leicht, denn an diesem Tag wäre mir alles gelungen.

Ich hörte ihm aufmerksam zu. Doch gleichzeitig überlegte ich, mit dieser Art zu denken, die sich in einem Winkel meines Kopfes wie nebenbei vollzog, wie einfach es gewesen war, an den vollkommenen Zustand wieder anzuknüpfen, in dem es keine Spuren meiner dummen Ambitionen und meiner Kindereien mehr gab.

In diesem Augenblick ging alles so gut! Aber ich hatte die Mappe mit meinen Papieren an einer Ecke des Tisches liegen gelassen, und sie fiel auf den Boden, weil eines der Bücher, mit denen wir herumhantierten, dagegenstieß. Da sie offen war, rutschten die Hefte heraus und aus einem eine Seite, die ich aus meiner alten Heiligen Geschichte herausgerissen und aufbewahrt hatte, als ich das Buch wegwerfen wollte.

Don Daniel hob sie auf und legte sie auf den Tisch: Es war ein Stich darauf, der Daniel in der Löwengrube darstellte.

Unmöglich konnte es so aussehen, als sei sie zufällig da hineingeraten, aber ich hätte es geleugnet, wenn es anders ausgesehen hätte, und wäre dabei so rot geworden, dass meine Haut Funken gesprüht hätte.

Don Daniel tat so, als merkte er es nicht, aber als ich sie weglegen wollte, zog er meine Hand weg, nahm die Seite und sah sie eine Ewigkeit lang an.

Mir fiel es schwer, an seinem Gesicht abzulesen, was er dachte: Er sah sie sich sehr genau und aufmerksam an, und ich konnte mir nicht vorstellen, was für ein Detail er dort entdeckte. Schließlich sah ich, dass er sie so aufmerksam betrachtete, wie man eine Zeichnung mit ihrer Vorlage vergleicht, und er bestätigte mir dann, was ich gedacht hatte.

»Da gibt es einen großen Unterschied. Da gibt es einen riesigen Unterschied, Leticia.«

Er ließ ein so ernstes Schweigen folgen, dass ich glaubte, er würde mir gleich irgendetwas Unglaubliches enthüllen, aber er beharrte nur auf dem, was er gesagt hatte:

»Ich möchte, dass du selber merkst, dass es da einen riesigen Unterschied gibt.«

Er sah, dass ich verschreckt war, und wollte die Situation mit einem Scherz entspannen. Er warf den Stich auf den Tisch und sagte, um das vorher Gesagte abzuschließen:

»Mich werden meine Löwen fressen.«

Ich nutzte die Gelegenheit, um den Scherz aufzugreifen, und sagte:

»Das glaube ich nicht, ich bin sicher, Sie hätten sie auch nicht gefressen.«

Er entgegnete nur:

»Ich redete nicht darüber, ob sie mich gefressen hätten oder nicht. Ich sage, sie werden mich fressen.«

Er steckte das Blatt in das Geschichtsbuch, das beim Römischen Recht aufgeschlagen war, klappte es zu und legte es zur Seite.

Wir lernten weiter, er erklärte mir wieder etwas, an das ich mich nicht erinnere, das uns beide nur wenig interessierte, aber er war dabei sehr darum bemüht, die vorangegangene Szene wegzuwischen und die Unterrichtsstunde im selben Stil zu beenden, in dem sie begonnen hatte.

Plötzlich hörten wir – womöglich erklang es schon lange, aber wir bemerkten es beide im selben Moment – ein Musikstück bis ins Arbeitszimmer herunter. Luisa spielte oben im Salon, und wir sagten nichts dazu. Wir hätten sagen können: Wie gut sie spielt oder einfach nur: Sie spielt, denn es war ungewöhnlich, aber wir sagten nichts dazu, und das machte das Ereignis noch schwerwiegender.

Ich sah, dass Don Daniel erwartete, dass ich zu ihr gehen wollte. Ich verhehlte nicht, dass ich zuhörte. Ich ließ ihn lange auf meine Bitte warten, die Unterrichtsstunde zu beenden. Ich bemerkte, dass er Themen ansprach, die ebenso fortgesetzt wie unterbrochen werden konnten. Plötzlich sagte er: »Nun gut, darüber müssen wir länger reden«, und schwieg dann, um zu sehen, ob ich es ausnutzte, aber ich füllte das Schweigen nicht. Das heißt, ich ließ es sich mit der Musik füllen, die vom Salon herunterkam. Bis die Musik aufhörte. Luisa hielt das Alleinsein nicht so lange aus. Ich hörte ihre Pantoffeln auf der Treppe.

Kurz darauf erklärte Don Daniel die Unterrichtsstunde für beendet, und ich ging, als wäre nichts geschehen.

Ich glaubte, sie habe es nur gemacht, um die Langeweile für einen Augenblick zu vertreiben, aber so war es nicht: Luisa spielte Tag für Tag zur Zeit unserer Unterrichtsstunde, und ich sagte nichts dazu und ahnte nicht, dass sie auch dann spielte, wenn ich nicht da war.

Eines Vormittags ging ich los, um irgendetwas zu

kaufen, und als ich den Platz überquerte, hörte ich in der Ferne ihren Flügel.

Ich hörte es und konnte es nicht glauben. Ich ging darauf zu. Es war etwa zwölf Uhr, die Sonne stand senkrecht, und Luisa spielte unaufhörlich.

Sie spielte nicht Adrianas Stücke. Dies war etwas anderes. Ich hatte diese Musik, die die Töne wie in einer Kette aneinander reihte, schon wiederholt gehört, und mir kamen die Girlanden, die sie mit all ihren Varianten bildete, bekannt vor. Doch diese hier beschrieb einen anderen Bogen, der schwermütiger war, aber dennoch auch sehr schön.

Ich dachte darüber nach und über das Geheimnis, das darin lag. Währenddessen stieg ich auf Zehenspitzen die Treppe hinauf. Ich blieb an der halb offenen Tür zum Salon stehen, und als sie aufhörte, machte ich ein kleines Geräusch. Sie drehte sich um.

»Ich habe Sie von weitem spielen hören.«

Luisa machte mit den Augenbrauen eine Bewegung, die bedeutete, dass ich gut daran getan hatte, zu kommen. Sie wartete einen Augenblick darauf, dass ich eine Frage stellte, und beschloss dann etwas zu sagen. Obwohl es eine Erklärung war, war es keine Antwort auf das, was ich fragen wollte. Sie sah auf ihre Hände und sagte:

»Die Finger rosten völlig ein, wenn man sich nicht mehr um sie kümmert.«

»Sie haben wunderbar gespielt«, sagte ich.

»Oh! Noch nicht wieder«, antwortete sie, »obwohl ich nicht weiß, ob ich nicht besser sagen sollte: nicht mehr.«

Sie packte den Sitz des Hockers mit beiden Händen, stieß sich mit den Zehenspitzen ab, ließ ihn so lange kreisen, bis das Gewinde, das ihn anhob, ganz herausgedreht war. Dann zog sie die Beine hoch und schraubte sich schnell wieder herunter. Sie drehte sich um die eigene Achse, nur um Zeit für die Entscheidung zu haben, ob sie mir das Geheimnis anvertrauen sollte oder nicht. Doch wir hörten unten Don Daniels Schritte und gingen zur Treppe hinaus.

Als Don Daniel uns zusammen sah, glaubte er eine Erklärung für mein nachmittägliches Schweigen gefunden zu haben. Er nahm an, ich würde vormittags kommen, um Doña Luisa beim Üben Gesellschaft zu leisten. Zu mir sagte er nichts, aber sie fragte er unvermittelt:

»Na, wie geht's voran?«

Und sie sagte:

»Ganz langsam.«

Da fiel mir auf, nicht wie sie miteinander sprachen, sondern dass sie überhaupt miteinander sprachen. Seit langem schon hatte ich sie kein einziges Wort wechseln hören.

Ich analysierte diese beiden Sätze bis ins Letzte, konnte ihnen aber gar nichts entnehmen. Ich erreichte damit nur, dass das Geheimnis der Musik zweitrangig wurde.

Und als ich wieder zu Hause war, dachte ich die ganze Zeit lang, dass zwischen beiden wahrscheinlich das gleiche Schweigen herrschte wie normalerweise in unserem Esszimmer. Natürlich waren da immer die Kinder, die herumschrien und sich auf die Sachen stürzten, aber die beiden redeten ganz gewiss nicht miteinander.

Ich machte mich daran, in den zwei Sätzen, die ich gehört hatte, so etwas wie einen Schlüssel für all die anderen Sätze zu finden, die sie miteinander austauschten, und mir war, als könnte ich sie sehen, selbstverständlich ohne genau zu wissen, aus welchen Worten sie bestanden. Was ich sah, war nur die kurz angebundene, trockene Art, mit der Don Daniel seinen Satz fallen ließ, und jene schüchterne Festigkeit, mit der Doña Luisa geantwortet hatte.

Womöglich fand irgendein anderer Dialog in diesem Augenblick statt und unterbrach die Stille, die über den Tellern und den Gläsern schwebte.

Was mir erlaubte, mich zu fühlen, als sei ich in ihrem Esszimmer, und mir diesen Dialog oder ihr Schweigen vorzustellen, war die Tatsache, dass ich mich genau an den Geruch des Essens erinnerte, das sie an diesem Tag aßen. Der Duft ihrer Küche, der so unwiderstehlich anziehend war, ließ sich in keiner Weise mit dem bei uns zu Hause vergleichen: Bei ihnen duftete immer irgendein köstliches Gewürz oder dieser Dunst, den die Dinge wie eine Spur hinter sich lassen, wenn sie goldbraun aus dem Ofen kommen.

Als ich die Treppe hinunterstieg, war ich in Gedanken ganz mit Luisas Geheimnis beschäftigt. Dann ließ Don Daniel diesen Satz fallen, gerade als ich sagen wollte: »Es duftet ganz köstlich bis hierher!«

Allein daraufhin hätte Luisa versucht, mich zum Bleiben zu bewegen, und mir die Gelegenheit gegeben, sie zu beobachten, ob sie miteinander sprachen, und wenn ja, wie sie sprachen.

Schweigend, so wie es sich tagtäglich zwischen uns abspielte, legte meine Tante ein riesiges Stück Huhn aus dem Eintopf auf meinen Teller. Ich verschlang es mit vier Bissen, und sie servierte mir noch weitere Stücke. Als sie merkte, dass ich mich nicht zurückhalten konnte, rief sie aus: »Wie kann man nur so essen, mein Gott, so etwas habe ich noch nie gesehen!«

Sie konnte nicht begreifen, dass der Hunger, den ich in diesem Augenblick hatte, durch nichts gestillt werden konnte.

Jemand anderes wäre nicht in der Lage gewesen, auch nur einen Brotkrümel hinunterzuschlucken, hätte er ein ähnlich beklemmendes Gefühl gehabt. Ich spürte eine Art Ungeduld, die mir derartig zusetzte, dass ich alles verschlang, was vor mir stand, um es zu vernichten. Denn plötzlich kam es mir so vor, als müsste ich zuerst etwas vernichten oder etwas tun, damit sich etwas änderte, damit irgendetwas geschah.

Wenn mein Vater und meine Tante beschlossen hatten, langsam zu sterben, konnte sie niemand daran hindern. Luisa hatte ihre Musik, Don Daniel seine Bücher und das Gespräch. Ich hatte sie, das ist wahr, aber es musste wenigstens einen Tag in Simancas geben, der anders als die anderen war.

Nachdem sie damit aufgehört hatten, mir Essbares vorzusetzen, suchte ich auf dem Tischtuch weiter nach Krümeln und dachte, dass diese Unruhe, die Besitz von mir ergriff, etwas ohne Sinn und Verstand war, etwas, das ich niemandem mitteilen konnte, und das niemand verstehen würde, wenn ich es mitteilte, und dass mir keiner helfen würde, diese Unruhe zu bekämpfen. Das fühlte ich so stark, dass es geradezu herausfordernd auf mich wirkte. Ich hätte es gern herausgeschrien, es jemandem um die Ohren geschlagen, vielleicht weil ich fühlte, dass etwas im Schatten sprießen könnte, etwas vor meinen Blicken verborgen keimte.

Ich sagte nichts. Zwei oder drei Unterrichtsstunden über knochentrockene Themen folgten, und die strenge Art, mit der Don Daniel den Stoff erklärte, ließ keinen Augenblick nach, ebenso wie meine Aufmerksamkeit. Oben die Akkorde, wie eine Naturerscheinung, wie der Wind, wenn er in den Kaminen pfeift.

Am vierten Tag fand ich bei meiner Ankunft das Haus wie ausgestorben vor, aber da alles offen stand, war mir klar, dass jemand in der Nähe sein musste. Ich setzte mich ins Arbeitszimmer und lernte. Kurz darauf hörte ich kleine Schritte, und Luisa erschien in der Tür.

Sie kam herein, stützte die Ellenbogen auf einen Bücherstapel auf dem Tisch und ließ dabei ihre Hände vor mir herabhängen.

Ihre Hände waren vollkommen verwandelt.

Es war kaum zu glauben, dass diese Hände, die ich vor Augen hatte, jemals mehligen Teig geknetet, jemals Muttern angezogen, jemals klebriges Isolierband auseinander gerollt hatten. Ihre Hände waren jetzt reiner Geist.

Sie trug neben dem Ehering auch einen Ring, den sie immer schon getragen hatte: einen schmalen Reif aus Türkisen. Das Blau hatte unterschiedliche Farbtöne, es war bei einigen unebenen, so genannten kranken Steinen grünlicher. Das ließ den Reif lebendig aussehen. Er wirkte eher wie eine Ader als wie ein Ring. Er hatte genau die gleiche Farbe wie die Adern, die auf ihrem Handrücken durchschienen.

Ich wollte gerade sagen:

»Ich …«

Als Luisa im selben Augenblick sagte:

»Weißt du …«

Wir schwiegen beide schlagartig, und dann begann eine Diskussion darüber, wer von uns beiden als Erste reden sollte. Schließlich gab sie nach.

»Ich wollte dich gerade fragen«, sagte sie, »ob du schon weißt, dass deine Lehrerin im nächsten Monat ihr fünfundzwanzigstes Dienstjubiläum an dieser Schule feiert.«

»Wie ist das denn möglich, sie sieht noch so jung aus?«

»Sie ist fast sechzig«, sagte Luisa; »wir müssen ihr zu Ehren eine große Feier machen, findest du nicht? Mit dieser Feier wird der Unterricht am ersten September wieder anfangen, denn das ist genau der Tag, an dem sie ihr Amt angetreten hat.«

Dann erzählte sie mir, dass der Bürgermeister gekommen war und ihr einen Brief von den Damen vorgelesen hatte, die der Wohltätigkeitsorganisation angehörten, die der Lehrerin das Studium bezahlt hatte. In diesem Brief baten sie die Damen aus Simancas um ihre Mitarbeit bei der Feier, die sie ihr zu Ehren zu veranstalten gedachten. Die Lehrerin war das erste mittellose junge Mädchen, das sie unterstützt hatten, und sie wollten diese fünfundzwanzig Jahre tugendhaften Lebens als größten Triumph ihrer Organisation feiern.

Während mir Luisa das erzählte, lächelte ich innerlich, weil ich daran dachte, wie ich vor ein paar Tagen, als ich nach Hause kam, den Bürgermeister gesehen hatte, der sich im Weggehen ziemlich lange mit meiner Tante an der Tür unterhalten hatte.

Ich hatte meine Tante gefragt:

»Was hat er gesagt?«

Und sie hatte geantwortet:

»Nichts, nur dummes Zeug.«

Ich erzählte das Luisa, und sie meinte etwas verlegen:

»Also, ich habe ihm geantwortet, dass ich alles tun würde, was in meiner Macht steht.«

»Etwas anderes hätten Sie ihm auch nicht antworten können«, sagte ich. »Wissen Sie denn, was alles in ihrer Macht steht?«

»Nein, was denn?«

Ich lachte so sehr über ihren unschuldigen Blick, dass ich nichts darauf antworten konnte. Und sie rief aus:

»Und was wolltest du mir vorhin erzählen?«

»Ich wollte gerade sagen, dass ich gern ein Schwert in Ihrer Hand sehen würde.«

»Ein Schwert?«

»Ich habe so viele Dinge in Ihren Händen gesehen, dass ich plötzlich dachte, eins fehlt noch. Ein flammendes Schwert, wie man so sagt. Ich würde gern sehen, wie Sie es am goldenen Griff unterhalb des Kreuzes packen und hochheben.«

Ich sagte dann lauter Unsinn über den Erzengel Michael und merkte, dass Luisa angesichts dieser Idealisierung ihrer Hände fast zitternd zurückwich, wie ich es schon vorher gesehen hatte. Nicht etwa erschreckt, sondern verlegen, unentschlossen, als wüsste sie nicht, was sie tun sollte, oder ob sie etwas tun sollte.

Schließlich schüttelte sie die Unentschlossenheit mit einem Seufzer ab, einem dieser tiefen Atemzüge durch die Nase, streckte eine Hand aus, gab mir damit einen kräftigen Klaps auf die Stirn und sagte:

»Du Märchentante!«

Ich war so tief in die Betrachtung ihrer Hand versunken, dass ich sie fast geküsst hätte, aber sie entzog sich mir: Don Daniel stand in der Tür.

Er kam zum Tisch, setzte sich auf seinen Stuhl, lächelte seltsam, beinahe grausam.

Er begann: »Du hast wohl heute deinen epischen Tag?«

Ich gab keine Antwort. Er fuhr fort:

»Mir scheint, dass die Geschichte von Alexander dem Großen dir heute nur noch wie ein Kindermärchen vorkommen würde.«

Ich konnte nicht antworten. Don Daniel sagte:

»Schau dir lieber den Dreisatz an, das beruhigt die Nerven.«

Endlich antwortete ich mit vollkommen ruhiger Stimme:

»Ja, und wie.«

Als wir Tage später zusammensaßen und nähten, ließ Don Daniel noch einen sarkastischen Satz fallen:

»Das wird weniger eine Ehrung als ein galantes Fest werden.«

Luisa und ich schwiegen. Jetzt war er an der Reihe, mit Nichtachtung gestraft zu werden.

Ich ließ das, woran ich gerade nähte, auf dem Tisch liegen und ging ins Arbeitszimmer. Ich hatte mich angestrengt, mehr denn je zu lernen, obwohl ich Stunden damit verbrachte, den Mädchen bei einer von ihnen zu Hause dabei zu helfen, die Handarbeiten für die geplante Ausstellung fertig zu stellen. Ganz abgesehen davon, dass ich mich mit Luisa um das Kleid kümmerte, das ich zur Feier anziehen wollte, und zudem noch um die Rolle, die mir zugedacht war. Ich meinte, ich könnte das alles miteinander vereinbaren, und konnte es auch tatsächlich.

Weder meine Aufmerksamkeit noch mein Verstand litten unter dieser Anstrengung. Aber Don Daniel hatte seine Technik geändert: Vorher hatte er mir nur beigebracht, was ich schon wusste. Das wurde mir jetzt klar. All seine Erklärungen waren von Punkten ausgegangen, zu denen ich schon grundlegende Kenntnisse besaß, und er fügte nur neue Bereiche hinzu, deren Inhalt mir nie ganz fremd war. Er änderte dies unvermittelt, wenn auch nicht gleich deutlich erkennbar. Er gab mir keine Gelegenheit, zu fragen, warum alles anders war. Hinzu kam, dass ich, auch wenn ich es versucht hätte, nicht in der Lage gewesen wäre, auszudrücken, worin der Unterschied zu vorher bestand. Es war so, dass er, wenn alles seinen gewohnten Lauf zu gehen schien, einen Schritt machte und ohne Vorwarnung unbekannte Bereiche berührte, und dabei deutlich machte, dass er diese Bereiche bisher nur aus Herablassung ausgespart hatte, oder weil er sicher war, dass meine Kräfte nicht ausreichten, in diese Bereiche einzudringen, weil sie zu kompliziert waren. Wenn er sie dann ansprach, machte er es immer mit einem kurzen, präzisen und so komplexen Satz, dass ich dann meine ganze Unwissenheit von allen Seiten vor mir sah. Dieser Satz war niemals eine Erklärung, noch eine kurze Frage, denn daran hätte ich seine neue Technik erkannt: Es war normalerweise eine Anspielung auf Dinge, zu denen man viel sagen konnte und bei denen es nichts zu fragen gab.

Meine Willenskraft war stark genug, um meine Verwirrung nicht sichtbar werden zu lassen, aber wenn ich nach Hause ging, trug ich diese Rätsel so unvermeidlich in mir wie jemand, der Gift geschluckt hat und weiß, dass er es nicht wieder loswerden kann und dass es sich ganz allmählich in ihm ausbreitet.

Die Wirkung dieser Worte war wirklich tödlich, denn angesichts ihrer Leere wurde alles zu nichts. In meinem Kopf hatten sie klare Umrisse wie aus Papier geschnittene Figuren. Wo sie waren, war ein Loch, und der Rest meines Verstandes beugte sich fasziniert darüber und wurde fast davon verschlungen. Wenn dann die Intelligenz nicht mehr weiterhalf, holte plötzlich die Erinnerung ein Gefühl, eine Art Leidenschaft in den Vordergrund. Ich sagte eine Art Leidenschaft, denn es war eine böse Leidenschaft, die mit guter vermischt war: etwas wie Ehrgeiz oder Rache und gleichzeitig eine bezaubernde Illusion. Dann stürzte ich mich auf das Buch und las ein paar Mal das Gedicht, das ich ausgesucht hatte, um es bei der Feier aufzusagen. Im Dunkeln wiederholte ich es unermüdlich, obwohl ich es schon mit jedem Punkt und Komma auswendig konnte, aber ich übte im Geiste, wie ich die Stimme modulieren, an welcher Stelle ich Pausen machen oder lebhafter werden müsste.

Ich wagte es nie, das Gedicht laut aufzusagen, und dennoch war ich mir sicher, dass meine Stimme vollkommen sein würde.

Manchmal hatte ich in meinem Zimmer einige Verse laut gesprochen, hatte aber immer gleich wieder geschwiegen, weil ich mich irgendwie schämte, sie vor dem Schrankspiegel aufzusagen, in dem ich das Bett, den Kleiderständer und den Waschtisch sah, und vor allem mich in Alltagskleidern, ganz anders, als ich bei der Feier aussehen müsste.

Luisa hatte ich schon Teile daraus aufgesagt. Sie schien das Gedicht nie gelesen zu haben. Ich beschrieb es ihr ungefähr, und sie fand es großartig, noch bevor sie mich gehört hatte.

Das Schwierigste war, das Organisationskomitee von unserem Plan zu überzeugen.

Eines Nachmittags versammelte der Bürgermeister uns alle und nahm widerspruchslos alle Vorschläge für die erste Tageshälfte an: die Messe, die Handarbeitsausstellung, das Festessen für die wichtigen Leute.

Dann wurde über den Festakt im Rathaus diskutiert, der nachmittags stattfinden sollte.

Alle waren übereinstimmend der Meinung, dass dieser Teil der Feierlichkeiten nicht lang sein sollte, aber auf Grund all der Dinge, die darin angehäuft werden sollten, sah es so aus, als könnte man nicht absehen, wie lange er dauern würde.

Luisa hatte mich unbedingt zu dieser Versammlung

mitnehmen wollen, denn sie meinte, so habe sie mehr Mut, um sich zu äußern. Tatsächlich sprach sie sehr selbstsicher.

Sie begann damit, dass sie, obwohl sie nicht aus Simancas stamme, sich nicht als Fremde betrachtete, und daher etwas beisteuern wolle, und bot sich an, einige Walzer von Chopin zu spielen, damit die Feier unterhaltsamer würde.

Der Bürgermeister sagte darauf:

»Gut, sehr gut, es kann keine Feier ohne Musik geben, und das Blasorchester scheint mir, da es sich um eine Dame handelt, nicht angebracht.«

Alle waren dafür. Luisa fügte hinzu:

»Leticia, die Tochter von Oberst Valle, ist in einer ähnlichen Lage. Sie hat zwar nicht Lesen und Schreiben, dafür aber andere Dinge bei der Lehrerin gelernt, und vor allem hat sie sie sehr gern. Sie könnte ihr zu Ehren ein Gedicht aufsagen.«

Alle sagten »Sehr gut«, und sogar der Arzt fügte hinzu:

»Es wäre angebracht, wenn irgendein passendes Gedicht aufgesagt würde.«

Luisa setzte nach:

»Wer aber sollte es denn schreiben?«, und sie fuhr schnell fort, entweder weil sie glaubte, er habe nicht den Mut zu antworten, oder weil sie ihm, falls er ihn doch hätte, keine Zeit zum Antworten lassen wollte:

»Unter uns ist niemand, der sich literarisch hervorgetan hätte. Es ist besser, sie rezitiert die Verse eines Dichters von hier. Sie wird ein Gedicht von Zorilla aufsagen.«

»Du liebe Güte!«, rief der Arzt aus. Dann fügte er, selbst ganz erschrocken über seinen Ausruf, hinzu:

»Aber Doña Luisa, Zorilla ist ein Dichter, der niemanden mehr interessiert!«

»Sie werden mir aber doch nicht abstreiten, dass er ein großer Dichter ist.«

»Ein großer Verseschmied, Verehrteste, ein großer Verseschmied, was nicht dasselbe ist.«

Die Diskussion dauerte eine Ewigkeit. Der Bürgermeister wagte nicht, den anderen seine Meinung aufzuzwingen, weil er keine hatte, und er sah über die Köpfe der anderen hinweg in die Ferne. Ich glaube, dass er sich im Geiste in die mittlere Allee des Parks im Zentrum von Valladolid versetzt hatte, an deren einem Ende eine Statue von Kolumbus und am anderen eine Statue von Zorilla stand. Und da er vom Wert des Ersten eine genaue Vorstellung hatte, dachte er, dass der Mann am anderen Ende der Allee zumindest jemand Bedeutendes sein musste. Schließlich schaltete er sich ein, appellierte an die Höflichkeit, die Ritterlichkeit und ergriff Partei für Luisa.

Alles wurde so beschlossen, wie wir es geplant hatten.

Darauf folgte eine Woche fieberhafter Aktivität: Morgens und nachmittags stickte ich in der Schule mit den Mädchen und rannte dann gleich zu Luisa. Ich hatte mein Kleid von der Erstkommunion mit zu ihr genommen, und wir änderten es gemeinsam ein wenig: wadenlang, ein Seidenband eng um die Taille, selbstverständlich ohne Kragen, gefältelte Ärmel, die am Unterarm mit einem Gummiband zusammengehalten wurden.

Luisa sagte zu mir:

»Warum willst du da unbedingt ein Gummiband haben?«

Und ich gestand ihr:

»Sie werden es schon sehen, wie das funktioniert. Meine Tante erlaubt mir nie, richtig kurze Ärmel zu tragen.«

In den letzten Stunden des Nachmittags begann dann immer das Leiden. Don Daniels Lächeln war wie eingefroren. Wenn er durchs Haus ging, hatte er immer dasselbe Lächeln, nie stärker und nie schwächer. Eigentlich war es kein Lächeln, sondern eher eine unbeschreibliche Art, die Zähne zu zeigen: Es war das Lächeln eines Wolfes.

Es ist einfach, sich vorzustellen, dass ein Wolf so lächeln würde, wenn er lächelte, aber er steckte auch die Hände in die Taschen, wie ein Wolf es täte, lehnte sich wie ein Wolf an den Türrahmen, ging schweigend wie ein Wolf durch den Flur.

Schlimmer als alles das, was wölfisch wirkte, waren die kleinen Sätze, die er hin und wieder fallen ließ.

Eines Nachmittags, als ich aufstand, um ins Arbeitszimmer zu gehen, fiel es Luisa ein, mir zu sagen:

»Heute siehst du wahnsinnig müde aus.«

Don Daniel fügte hinzu:

»Es wird wohl besser sein, du lässt das Lernen, bis ihr mit den Vorbereitungen für die soundsovielte Olympiade fertig seid.«

Da ging ich, sagte, ich sei wirklich erschöpft, und trat

auf die Straße hinaus, machte mich jedoch nicht auf den Weg nach Hause. Ich stieg links eine Gasse hinunter und hörte die Glocke der Einsiedelei von Arrabal. Dorthin ging ich. Viele Frauen gingen dort hinein, um die Novene zu beten. Ich verlangsamte meinen Schritt, bis alle eingetreten waren. Nur eine Bettlerin mit ihrem Hund blieb vor der Tür stehen, doch schließlich ging auch sie hinein.

Ich kam bei der Einsiedelei an, ging um sie herum, bis ich ganz nah bei der Apsis war. Von dort aus hörte man eben gerade noch das Murmeln drinnen. Es war wunderbar einsam dort. Auf dem ganzen Hang des Hügels war nicht eine einzige Menschenseele zu sehen, und obwohl die Sonne schon untergegangen war, war das Licht so klar, dass man die Strohhalme zählen konnte, die beim Mähen übrig geblieben waren.

Es herrschte vollkommene Stille. Ich hustete ein wenig, um zu sehen, wie dort meine Stimme klang: Es gab keinen Widerhall. Wenn ich geschrien hätte, wäre meine Stimme sofort in der Ebene verklungen, und wenn man halblaut sprach, konnte man den Ton der Stimme genau hören, die ganz gewiss nicht ins Innere der Kirche drang.

Ich sagte das ganze Gedicht auf. Die vierhundertachtundvierzig Verse breiteten sich im Raum aus, wie es der Autor beabsichtigt hatte: Sie bildeten anfangs einen breiten Pfad, der am Ende zu einem feinen Faden wurde.

Das Gedicht hieß »Der Ritt«. Es war die Legende vom Maurenkönig, dessen Pferd durchgeht und ihn ins Paradies trägt. Und ich war überzeugt, dass es hier, in diesem vollkommenen Frieden, wunderschön klingen würde. Aus meinen Worten würde diese erhabene Gestalt erstehen, die der Erde entflieht, und ich würde hin und wieder einen Arm ausstrecken, der mit geöffneter Hand zwar nicht direkt auf jemanden zeigen, aber dennoch auf eine Person in der Reihe der bedeutenden Persönlichkeiten weisen würde, die ebenso herausragend war wie die von einem besonderen Schicksal gezeichneten Menschen.

Ich war mir sicher, die gewünschte Wirkung zu erreichen, denn meine Stimme war das Einzige, was ich an mir wirklich befriedigend fand. Und meine Aussprache war so perfekt, dass mich sogar die Leute aus dem Ort immer wieder deswegen lobten.

Was die Haltung, die Kleidung, die Art, die Füße hinzustellen, betraf, hatte ich noch Zweifel: Ich sah mich dort nicht im Spiegel. Trotzdem merkte ich, dass es so gut war.

Plötzlich tauchte der Hund der Bettlerin auf und kam in der Erwartung zu mir, dass ich ihn streicheln würde. Doch ich unterbrach mich nicht. Ich rezitierte weiter und starrte ihn dabei an. Er wich zurück und trollte sich mit gesenktem Kopf.

Ich blieb lange dort. Bis es dunkel wurde, und ich Angst bekam. Ich beschloss, in die Kirche zu treten, aber die Gebete waren zu Ende, und die Leute kamen heraus. Ich mischte mich unter sie, und niemand merkte, woher ich gekommen war. Ich hatte nicht erwartet, dass am Morgen des bewussten Tages noch etwas geschehen würde. Ich war geistesabwesend, in Gedanken ganz und gar auf den bevorstehenden Auftritt um fünf Uhr konzentriert. Doch um zehn Uhr morgens kamen die Wagen aus Valladolid auf dem Platz an, und in dem, der mich am wenigsten interessierte, weil die adligen Damen der Wohltätigkeitsorganisation darin saßen, sah ich meine ehemalige Lehrerin. Als ich inmitten dieses Berges riesiger, schwarzer Röcke ihre schlanke Gestalt in einem eng anliegenden Schneiderkostüm sah, fühlte ich, dass ich aus dem Tritt geriet, das Gleichgewicht, den Mittelpunkt der Schwerkraft für den Rest des Tages verlor.

Ich hätte mich gern versteckt, ich hätte auch Luisa gern bei mir gehabt, um ihren Arm zu drücken und einen Blick mit ihr zu wechseln, aber ich hatte nur meine Tante, die sich verpflichtet gefühlt hatte, mit in die Kirche zu gehen, und ich wartete darauf, dass sie wieder nach Hause ging, um mich dann der Gruppe anzuschließen, die zur Schule ging. Ich sah meine ehemalige Lehrerin und konnte keinen einzigen Schritt mehr gehen.

Meine Tante sah sie auch und sagte:

»Wir müssen sie begrüßen.«

Ich wies sie darauf hin, dass es besser sei, ein wenig zu warten, bis sie nicht mehr von so vielen Menschen umringt wäre. Natürlich fand sie meinen Hinweis richtig.

Ich dachte nach. Luisa ging mit der Lehrerin aus Simancas, und ich sah, dass sie auf der Suche nach mir in die Runde schaute. Sie konnte nicht verstehen, warum ich nicht bei ihnen beiden war. Aber ich wollte meine Gedanken ordnen.

Schließlich sah uns meine ehemalige Lehrerin, und wir gingen ihr entgegen. Sie legte mir eine Hand auf die Schulter und sagte:

»Wie groß die Kleine geworden ist!«

Ihre Stimme erschien mir sehr kühl. Sie hatte mich immer wie einen Jungen behandelt, aber damals in Valladolid war das eine Art Stil, ein zwischen uns abgemachtes Spiel gewesen. Jetzt wirkte es auf mich einfach nur wie eine Mauer, eine Schranke, denn auf das Spiel konnte ich nicht mehr eingehen.

Meine Tante fing an, mit ihr zu plaudern. Sie war der einzige Mensch, mit dem ich sie je ungezwungen habe sprechen sehen. Ich floh: Ich konnte nicht mehr.

Ich lief zur Schule, wo gerade alles für die Ankunft der Damen der Wohltätigkeitsorganisation vorbereitet wurde. Luisa sah mich fragend an, ich machte eine Geste, als wäre ich gerade einer großen Qual entronnen, und sagte: »Meine Tante ...«, weiter nichts. So konnte Luisa annehmen, dass ich gerade wieder eine dieser unangenehmen, letztlich bedeutungslosen Szenen mit ihr gehabt hatte.

Ich wusste nicht, wie ich ihr von dieser Begegnung erzählen sollte. Ich hatte ihr häufig von meiner ehemaligen Lehrerin mit all der Begeisterung erzählt, die die Erinnerung an sie hervorrief.

Doch in diesem Augenblick konnte ich es nicht ertragen, dass Luisa sehen würde, wie distanziert sie sich mir gegenüber verhielt. Außerdem würde sie merken, dass dies Einfluss auf meine Stimmung haben und dazu führen könnte, dass ich mich am Nachmittag lächerlich verhielt.

Doch es war nicht zu vermeiden, dass wir mehr oder weniger allein blieben und reden konnten, was wir wollten, denn wir beide bereiteten den Tisch vor, auf dem die Handarbeiten ausgestellt wurden. Der Tisch bestand aus zusammengestellten Pulten, die mit weißen Betttüchern bedeckt waren. Wir beide steckten eine gelbrote Schleife mit Reißnägeln daran fest, die rundherum eine Girlande und an den Ecken Schleifen bildete.

Ich hatte das Gefühl zu sterben, weil ich Luisa nicht erklären konnte, dass ich dies alles grässlich fand. Grässlich ist nicht das richtige Wort: katastrophal.

Wäre meine Lehrerin hier nicht aufgetaucht, hätte ich es nicht bemerkt, aber der Gedanke, dass sie alles dies hier ansehen würde, bedrückte mich, nahm mir alle Kraft.

Meine Verzweiflung muss so deutlich zu sehen gewesen sein, dass Luisa schließlich zu mir sagte:

»Aber was ist denn mit dir los?«

In diesem Augenblick erschienen die Damen in der Tür zur Schule, darunter, abseits von der Gruppe, meine ehemalige Lehrerin mit meiner Tante, die sich bei ihr untergehakt hatte und ihr etwas ins Ohr flüsterte. Ich erfand irgendeine absurde Erklärung. Sie war so absurd, dass ich mich nicht einmal mehr daran erinnern kann: Es war irgendetwas, das darauf hinauslief, dass ich völlig eingespannt sein würde.

Luisa flehte mich an, ruhig zu bleiben, und ich versprach es ihr. Um ihr vorzugaukeln, dass ich ganz ruhig war, zog ich mich in mich selbst zurück, ließ alles um mich herum geschehen, als sähe ich es nicht, und irgendwann waren all diese Begrüßungen, diese Glückwünsche und diese Lobeshymnen vorbei.

Schließlich gingen alle zum Festessen, und ich mit meiner Tante nach Haus.

Der Tisch war schon gedeckt. Als wir uns setzten, sagte meine Tante in der unpersönlichen Art, in der zu Hause immer geredet wurde, als wendete man sich an jemanden, von dem nicht ganz sicher ist, ob er überhaupt da ist, nur so für den Fall, dass er wirklich da wäre:

»In diesem Komitee da, unter all den Betschwestern, ist Margarita Velayos aufgetaucht.«

Mein Vater hob die Augenbrauen und lächelte:

»Nein, sag bloß, Margarita!«

Meine Tante fügte hinzu:

»Sie sagte, sie würde nach dem Festessen auf einen Augenblick vorbeikommen, um dich zu sehen.«

Und dann wie in einem Selbstgespräch:

»Ich weiß gar nicht, warum sie überhaupt gekommen ist, bei all diesen Bauern hier.«

Mehr sagte sie nicht, aber der Gesichtsausdruck meines Vaters blieb lange ganz weich.

Mein Kleid, den Gürtel, die Schleife, die ich im Haar tragen würde, hatte ich schon auf dem Bett vorbereitet. Mir war so, als hätte ich schon zwei Stunden oder mehr damit verbracht, mich fertig zu machen, aber obwohl die Zeit verstrich, hatte ich mich noch immer nicht entschlossen, wirklich damit anzufangen. Ich wusste, dass meine Lehrerin gleich kommen würde, und wollte ihr nicht erklären müssen, worauf ich mich vorbereitete.

Ich saß lange in meinem Zimmer und wusste nicht, wie ich mich verhalten sollte. Ich erinnerte mich nicht einmal mehr an das Gedicht, da ich nur auf die Geräusche unten an der Tür achtete. Schließlich hörte ich, wie sie geöffnet wurde, hörte ihre Stimme und die meiner Tante. Ich ging hinunter.

Als ich in das Zimmer meines Vaters kam, saß meine Lehrerin auf einem niedrigen Stühlchen neben seinem Sessel. Es herrschte ein Schweigen, als würden sie nie anfangen zu sprechen.

Am Ende entschloss sich meine Tante zu sagen:

»Nun, wie war das Festessen?«

Meine Lehrerin antwortete mit einem Achselzucken:

»Das Schlimmste war der Kaffee.«

»Das kann man wieder gutmachen, indem man einen guten trinkt«, sagte meine Tante und verließ das Zimmer.

Kein weiteres Wort. Die beiden verharrten in einem friedlichen, zwanglosen Schweigen. Man merkte, dass sie nicht schwiegen, weil sie nichts sagen konnten, sondern weil sie sich nichts zu sagen brauchten, als ob sie alles voneinander wüssten, als wäre es ein Besuch, dem man auch nicht eine einzige Neuigkeit erzählen konnte.

Ich stand mit dem Rücken zum Balkon, gegen den eisernen Fensterriegel gelehnt, und sah sie an. Dabei fielen mir die zwanghaften Berichte ein, mit denen mein Vater gewöhnlich seine Besucher lähmte. Das Lager, die Schakale, die Hündin und der nächtliche Hintergrund eines Vorhabens, zu dem ich keinen Zugang fand.

In diesem Augenblick war dies nicht etwa alles in Vergessenheit geraten, im Gegenteil: Sie sprachen es nicht aus, weil beide darum wussten.

Margarita Velayos saß da, ihre Knie berührten beinahe die meines Vaters. Sie wirkte wie ein Offizier, der an seiner Seite gekämpft hatte, mit ihm zusammen im Halbdunkel die Vorhut ausgespäht hatte, ihn hatte fallen sehen und als Einziger das Gesicht dessen kannte, der ihn verletzt hatte.

Sie tranken Kaffee. In drei kleinen, langsamen Schlucken trank sie ihr Cognacglas aus. Dabei hielt sie das Glas in die Hand geschmiegt wie ein Raucher seine Pfeife. Trotz dieser männlichen Geste hatte ihr Kopf dabei die zarte Haltung einer Madonna.

Ihr Profil war gerade, makellos, ihre Haut brünett, und ihr glattes, sehr dunkles Haar fiel ihr zu beiden Seiten weich ins Gesicht. Sie hatte es in einem kleinen seidigen Knoten zusammengenommen, der tief im Nacken unter einem Panamahut hing.

Die Widersprüche in ihr waren so geläutert, von ihrem Adel so überhöht, dass sie unzerstörbar wirkten in dieser Aura von Kälte, die von ihr ausging.

Während ich sie ansah, spürte ich einen schrecklichen Schmerz im Rücken: Es war der Griff des Balkonfensters, der sich mir neben die Wirbelsäule bohrte, und ich ließ mein ganzes Gewicht darauf fallen, um durch den Schmerz zu versuchen, den Strudel der widersprüchlichen Gefühle zu bändigen, der in mir kreiste.

Als sie ging, hielt mein Vater lange ihre Hand und sagte nur zu ihr:

»Ich habe eine große Freude erlebt.«

Er sah sie dabei mit unendlicher Traurigkeit an, als wollte er ihr diese unendliche Traurigkeit nur zeigen, damit sie ermessen könnte, wie groß seine Freude war.

Ich kam zur Feier. Nach außen hin kam ich fertig angekleidet, gekämmt und entschlossen. Wie aufgelöst ich innerlich war, wusste niemand.

Ich ging mit meiner Tante. Ich selbst hatte sie dazu gebracht. Luisa und ich hatten verabredet, zusammen hinzugehen, aber vormittags hatte ich sie schon darauf vorbereitet, dass ich mich dem Familienprogramm nicht würde entziehen können, und es hatte sie nicht gewundert. Damit hatte ich einen Vorwand für meine Verzweiflung und eine Rechtfertigung meiner Ungeschicklichkeit. Doch sobald ich dort war, konnte ich mich nicht mehr abseits halten. Die Leute fanden sich zwanglos in Gruppen zusammen. Luisa kam mit Don Daniel, doch dann wurden beide getrennt, und sie kam zu mir: Sie glaubte, dass ich ihre Hilfe erwartete.

Wir setzten uns nebeneinander. Ich weiß nicht, wer neben uns saß, noch wie die Feier anfing. Reden, Applaus, Reden.

Der Saal war voll besetzt. Aus den Schulen in Valladolid waren Kinder in Bussen gekommen und summten nun wie ein Bienenschwarm. Es war unvorstellbar, dass eine Stimme, eine einzige Stimme dieses Geraune übertönen könnte, und ich mochte gar nicht daran denken, dass es meine Stimme war, die kurz darauf erklingen sollte.

Mir schoss zwei- oder dreimal durch den Kopf, dass ich das Gedicht vergessen haben könnte. Ich stellte mir den ersten Vers vor, verwarf es aber sofort wieder mit einer Art Widerwillen. Ich hatte das auf einen Zettel geschriebene Gedicht bei mir, doch ich fürchtete, dass ich nicht einmal die geistige Klarheit besitzen würde, es abzulesen, und konzentrierte mich ganz auf die Frage, wie ich die lange Papierfahne, auf der es geschrieben war, in einer Hand halten sollte.

Ich hatte das Gedicht mit kleiner Schrift auf einen Streifen Pergamentpapier geschrieben, der, wenn man ihn in der Hand hielt, sich an beiden Seiten zu einer Schnecke aufrollte. Ich hatte genau einstudiert, wie ich die Rolle in der linken Hand halten musste, und Stunden damit verbracht, das geometrische Problem zu lösen, wie ich es anstellen musste, dass sich der Streifen an beiden Seiten gleichzeitig einrollte. Denn wenn ich mir nur eine einfache Rolle gemacht hätte, wäre beim Abwickeln ein C entstanden, und ich wollte, dass sich ein S bildete. Deshalb musste ich den Streifen in der Mitte falten, damit sich beide Hälften in entgegengesetzter Richtung einrollten, wenn man den Streifen auseinander zog.

Eine Zeit lang bot dieser Gedanke meiner Fantasie eine Zufluchtsstätte. Ich wickelte die Rolle fest auf. Dann fürchtete ich wieder, ich könnte sie verdorben haben, so dass sie sich nicht mehr von allein wieder einrollen würde, und dann lockerte ich sie wieder. Nach einer Weile drehte ich sie wieder fester auf.

Auf dem großen Podium, auf dem der Tisch für den Vorstand aufgebaut worden war, folgte eine Rede auf die andere. Rechts stand der Flügel für Luisa, und links bildeten Blumentöpfe mit Lorbeerbäumchen einen Halbkreis, in dem die stehen sollten, die etwas vortrugen.

Zuerst stieg eine Gruppe Kinder hinauf, mit denen die Lehrerin eine kurze Komödie einstudiert hatte, in der jemand starb und heftig zu Boden fiel und dabei mit dem Kopf auf die Bühne schlug. Peinlich!

Luisas Arm, der unter meinen geschlüpft war, zog sich zurück. Ich schaute sie an und sah, dass sie sich darangemacht hatte, den Hut abzunehmen. Da wusste ich, dass sie gleich auftreten würde. Sie trug einen großen, flachen Hut aus bräunlichem Stroh, der mit Nadeln festgesteckt war. Sie legte ihn auf die Knie und schüttelte ihre Locken, die von dem geringen Gewicht nicht zerdrückt worden waren.

Der Bürgermeister kündigte ihren Auftritt an, suchte Sätze, häufte sie aufeinander und bemühte sich, das alles vernünftig erscheinen zu lassen. Er sagte, dies sei eine Ehrung aus Freundschaft, der allerschönste Blumenstrauß. Beim Zuhören standen einem die Haare zu Berge.

Luisa stand vom Stuhl auf, genauso wie sie ihren Arm unter meinem weggezogen hatte, ließ den Hut auf dem Sitz liegen und ging auf die drei Stufen zu, die zum Flügel führten. Da merkte ich, dass sie ein Kleid trug, das ich nicht kannte. Und ich hatte überhaupt nichts dazu gesagt. Es war im Farbton von Herbstblättern bedruckt, und sie trug dazu eine lange, amethystfarbene Kette, die bis zu Taille reichte. Als sie die Stufen zum Podium hinaufstieg, leuchtete sie.

Die Musik füllte den Saal wie immer. Ich vergaß all das vorangegangene Unbehagen, denn die Majestät dieser Musik verströmte eine Einsamkeit, die alles Missliche in nichts auflöste. Als ich diese Musik hörte, vergaß ich die Welt um mich und fühlte mich allein mit ihr wie in der Einsamkeit des Salons oder wie wenn ich durch die Straßen ging und ihre Akkorde von fern klangen und alles wie hypnotisiert war, und die Welt nur noch eine Straßenecke, eine Steinplatte auf dem Fußweg.

Lang anhaltender Applaus ertönte, als sie aufhörte, der mehrfach leiser wurde und wieder anschwoll, weil die Leute sie zu einer Wiederholung zwingen wollten. Wenn die einen leiser klatschten, klatschten andere wieder lauter. Es war ein richtiger Kampf, und der Saal verharrte in ungewisser Erwartung, wie wenn über einem ein Taubenschwarm kreist, der sich nähert und wieder entfernt, und man nicht weiß, wo er sich niederlassen wird.

Bis dahin fühlte ich mich noch wie in einer Art Rausch, doch unvermittelt spürte ich, wie ich verwirrt wurde, als bedrohte mich etwas, das unaufhaltsam auf mich zustürzte: die Worte des Bürgermeisters, denen ich nur etwas entnahm wie »Das Werk des vortrefflichen Dichters …«

Vor der Bühne traf ich mit Luisa zusammen und drückte ihre Hand. Ich stieg hinauf und machte einen Knicks, als ich am Tisch vorbeikam. Der Bürgermeister wies auf den Halbkreis aus Lorbeerbäumchen und flüsterte mir schnell zu:

»Stell dich da hin, damit man dich gut sehen kann.«

Dass der Bürgermeister fand, ich sei es wert, gesehen zu werden, wollte nichts besagen. Dennoch war ich fast gelassen, als ich bei den Lorbeerbäumen ankam – der Weg dahin erschien mir meilenweit –, denn im Vorübergehen hatte ich, als ich beim Tisch angelangt war, hochgeschaut und zwischen den Samtvorhängen, die einen

Baldachin bildeten, das Bild Alfonsos XIII. gesehen. Ich ging schnell daran vorbei, doch während des kurzen Blickes, den ich auf ihn warf, kam es mir so vor, als wäre seine arrogante Haltung zu einer lässigen Gebärde geworden: Er war stehend dargestellt, hielt das Käppi in einer Hand und stützte die andere auf den Säbelknauf, und mir schien es so, als hätte er mit der Schulter dieselbe Geste gemacht wie der Sohn von Señor Marcos, als er unter meinem Balkon stand. Ich vermeinte, diesen unvergesslichen Satz zu hören: »Was du willst, meine Schöne«, und ich spürte, dass er mir den Triumph im Voraus gewährte, dass alles so sein würde, wie ich es wollte. Ich entrollte das Papier und begann das Gedicht aufzusagen.

Wenn es schon normalerweise schwierig ist, zu berechnen, wie viel Atem man für den ersten Vers braucht, ist es beim Gedicht »Der Ritt« umso schwieriger, weil schon die ersten Worte losstieben wie ein Pferd, das den Zügeln nicht gehorcht.

In den ersten vier Alexandrinern klang mir meine Stimme schon wie ein Galopp in den Ohren, sofort bemühte ich mich, das abzumildern, was ich den Arzt die onomatopoetische Monotonie hatte nennen hören: Es fiel mir nicht schwer. Nachdem das Vorpreschen des Pferdes suggeriert wird, beginnt die Beschreibung der schwerelosen Bilder, die am maurischen König vorüberziehen: Der Rhythmus darf dann etwas weicher werden, die Worte, die an sich schon schön sind, dürfen mehr hervorgehoben werden.

»Das zitternde Blattwerk der silbrigen Pappel
Die fedrigen Wipfel von Palmen und Tannen
Die gewundenen Ruten dorniger Büsche
Der schmiegsame Efeu am schroffen Fels.«

Ich streckte den Arm in einer vagen Geste aus. Bevor ich auf das Podium gestiegen war, hatte ich die Ärmel unauffällig bis zur Schulter hochgeschoben. Obwohl meine Arme sehr dünn waren, traten die Knochen an den Gelenken nicht hervor. Sie wirkten nicht prosaisch, und ich konnte sie daher einsetzen und drehte mich nun leicht auf den Absätzen, als zielte diese Geste auf den hinteren Teil des Saales.

Bei der ersten Oktave, in der der Held als königlicher Reiter erwähnt wird, den das durchgegangene Pferd mitreißt, sah ich den Vorstand an, legte jedoch in meine Haltung nur die zurückhaltende Genauigkeit von jemandem, der ein vergangenes Ereignis berichtet. Als ich dann zu den Bildern und Schreckensgestalten kam, die das Delirium des Königs während seines Rittes bevölkern, richtete ich mich an den ganzen Saal, als würden dort diese Bilder auftauchen, und, nachdem ich all die vorüberziehenden Bilder angeführt hatte, streckte ich, als ich

»Sie stoben vorüber,
Doch Al-hamar gewahrte nicht,
wie schnell sie flogen«

sagte, den Arm zu einer ganz bestimmten Stelle hin aus, genau so, wie ich es hinter der Einsiedelei geübt hatte.

Ich wies mit der ausgestreckten Hand auf einen Platz in der ersten Zuschauerreihe, als würde ich etwas mit den Fingerspitzen berühren, als würde ich einen Schleier beiseite ziehen, der ein Geheimnis verbarg. Und von dort, vom Podium aus, fühlte ich Don Daniels Herz schlagen.

Das ist nicht nur so dahingesagt: Ich fühlte es wirklich.

Weil nämlich meine natürlichen Sinne ausgeschaltet waren. Ich schaute und sah nichts.

Das Gemurmel, die Unruhe der Leute, alles war ausgelöscht, auch der Abstand von fünf oder sechs Metern, die mich von Don Daniel trennten.

Logisch betrachtet war es unmöglich, dass ich sein Herz schlagen hörte, und es war ebenfalls außerhalb jeder Logik, dass er beim Namen des Königs Al-hamar aufschreckte. Dennoch war es so: In diesem Augenblick gab es zwischen ihm und mir keinen Abstand und kein Geheimnis mehr.

Er sah die Gedanken, die mir durch den Kopf schossen, so wie ich sah, dass das Blut in seinen Adern schneller floss, denn das Gedicht half mir, dies zu bemerken oder vielleicht sogar es auszulösen. Im Gedicht wurde auch das innerliche Aufgewühltsein des Reiters erwähnt, der dort ritt, wo man logischerweise nicht reitet.

Ich streckte den Arm noch einmal in dieselbe Richtung aus.

»Und in seinen Schläfen pulsierte
pochend das Blut,
in seinen Ohren dröhnte es
dunkel und monoton.«

Aber ich wollte ihn nicht nur peinigen. Außerdem: Wieso sollte ihn das überhaupt peinigen? Das ist unmöglich zu erklären. Ich kann jedoch versichern, dass er in diesem Augenblick eine wirkliche Qual erlebte, und dass ich dies von vornherein geplant hatte und sicher war, es zu schaffen.

An einer anderen Stelle habe ich im Zusammenhang damit von Rache gesprochen. Es gab sie wirklich, und der Beweis dafür, dass sie traf, zeigte sich in dem düsteren Ausdruck seiner Augen, der wirkte, als könnte jeden Augenblick etwas Fürchterliches geschehen. Genauso wie an jenem Tag, an dem zwischen meinen Papieren der Stich vom Propheten Daniel herausrutschte.

Diesmal zeigte ich ihm mit all meiner Kühnheit das Bild vom Podium aus, weil er mich jetzt nicht zum Schweigen bringen oder das Thema wechseln konnte.

Ich weiß nicht, ob seine Blässe, ob die Schatten, die die Lichter im Saal auf die Ringe unter seinen Augen warfen, in mir eine Welle von Zärtlichkeit oder Furcht auslösten. Jedenfalls fuhr ich fort, weil mich der Klang der Verse mitriss und weil ich zum Ende kommen wollte. Obwohl es kein Ende gab, ich meine: kein Ziel.

Dies führte zu nichts, es gab keine Auflösung, die irgendetwas beweisen würde. Nein, es war nur der Rausch, Dinge zu erwähnen, die erwählte Gestalt mit aller Schönheit der Welt und des Himmels zu umgeben und zu schmücken. Und die Tatsache, dass die Dinge nicht durch Worte benannt, sondern allein schon durch die Silben verherrlicht wurden, durch wahrhaft himmlische Klänge, die durch die Lauterkeit ihrer Nuancen das Gefühl vermittelten, dass die Welt der materiellen Dinge allmählich versank.

Da gibt es beispielsweise an der Stelle, wo der König glaubt, »die mystische Reise« des Propheten zu wiederholen, glanzvolle Sätze wie diesen:

»Die Gestirne sah er
an goldenen Ketten schweben
und ihr Schein war erfüllt
von Lichtgestalten.«

Doch unglücklicherweise hapert es dann am Konsonanten im folgenden Reim. Ich begreife nicht, wie ein Meister der Dichtkunst einen derart provinziellen Fehler machen und nach diesen Versen so fortfahren konnte:

»Riesenhafte Geister
in der Gestalt von Pferden
von Rehen und von Hähnen
von ungeheurer Größe.«

»Größe«: »magnitu«! Man merkt, dass Zorilla als Kind zu Hause »magnituz« sagen durfte, wie es in Valladolid die ungebildeten Leute tun. Ich finde das grauenhaft und hatte Schwierigkeiten damit, diesen hinkenden Reim zu überspielen.

Nur nicht »magnituz« sagen. Aber wenn ich »magnitud« gesagt hätte, wäre das Fehlen des Reims zu offenkundig gewesen. Daraufhin beschloss ich, »magnitú« zu sagen, das »u« dabei irgendwie in die Länge zu ziehen.

Dieser Trick fiel mir so spontan ein, wie den Leuten in der Stadt, »Valladoli« zu sagen. Wir sollen nicht »Valladoliz« sagen, wie die einfachen Leute, noch das »d« am Ende betonen, um nicht affektiert zu wirken. Daher lassen wir einfach den Konsonanten aus.

Ich weiß nicht, ob dieser Mangel des Gedichtes stärker hervortrat, weil es öffentlich vorgetragen wurde und deswegen so ungeheuerlich wirkte. Jedenfalls verspürte ich eine qualvolle Unsicherheit hinsichtlich der Schönheit des Gedichts.

Ich fuhr mit der Beschreibung der Visionen fort und plötzlich hieß es da:

»Er sah malerische,
von Nixen bewohnte Grotten.«

Malerische Grotten. Ein flaches Bild.

Sollte es das gewesen sein, auf das der Arzt hinweisen wollte, als er meinte, das Gedicht würde niemanden mehr interessieren?

Ich wagte nicht, dorthin zu sehen, wo er saß. Ich fuhr fort. Bald würde wieder der König heraufbeschworen werden, wie er kurz vor dem entscheidenden Augenblick stand, in dem er den Bereich erreichte, den nur die Erwählten betreten. Der schimmernde, enge Pfad lag bereits vor ihm.

»Dem Faden gleich
an dem die Seidenraupe
sich herunterlässt.«

Ich fühlte mich wieder sicher, fand zur Stimmung zurück, in die Aura des Helden und zu den immer kürzer werdenden, vorantreibenden Versen, die so sehr das Gefühl von Gefahr vermittelten.

»Es ist die Brücke
des Lebens,
die die Menschen
von Geburt an
beschreiten müssen.«

Ich sprach lange weiter, ohne im Kopf dazu Anmerkungen zu machen. Ich vergaß mich vollkommen, bis ich meine eigene Stimme nicht mehr wieder erkannte. Wenn dies Gedicht lautmalerisch war, so nahm meine Stimme wie ein Chamäleon alle Farbnuancen an. Das Wirbeln des Gedichtes erklang in meiner Stimme:

»Das Grauen
zu schauen,
wie schaumig,
tosend
das Meer
unter ihm
ewig brüllend
an die Brücke
peitschte.
Israfel
ist dort,
will den sehen,

der nicht fällt,
verwehrt
dem Ungläubigen
den Weg.
Doch da ist
das edle Ross
des Al-hamar,
das ihn
hinübertragen
wird.«

Es wurde ganz still. Die Erwachsenen verhielten sich möglicherweise nur aus Höflichkeit ruhig. Doch die Kinder rührten sich nicht, weil sie mit allen fünf Sinnen der Ballade folgten. Wahrscheinlich war es für niemanden so deutlich wie für sie: Sie sahen alles, verfolgten alles mit ihren Blicken.

Ich wies auf den hinteren Teil des Saales, als läge dort das ferne Reich, in dem sich alles abspielte.

»Er ist da,
stürzt voran,
ist schon
auf der Brücke,
an der das Meer
rüttelt,
kochend,
dumpf brüllend
ohn' Unterlass
ertönt.

Schaudernd
wagt er
keinen Blick
auf den wilden,
reißenden Strom,
wagt nicht
zu atmen
den Pesthauch
der Luft,
verlassen von
Himmel und Erde
ist er.«

Ich war nun ruhiger, als wäre ich von der Gewissheit des glorreichen Endes erfüllt, als würde der König schon den festen Boden seiner Tugenden unter den Füßen haben.

Und wieder wies ich auf die erste Sitzreihe:

»Er fliegt hinüber,
der Gerechte,
der kluge König,
der strenge Richter,
der tapfere Ritter,
der Erste
aus dem Hause
Nazar.«

Don Daniel blinzelte, als habe ihn plötzlich etwas an den Augenlidern berührt. Ich sah, dass er mit diesem Blinzeln die Worte zurückwies, die ich ihm kraftvoll entgegengeschleudert hatte: »Der Erste!«

In diesem Augenblick hätten mich alle Generäle, die je eine Schlacht befehligt hatten, um meine Stimme beneidet. Und er musste schweigen. Er konnte nicht sagen: »Da gibt es einen großen Unterschied, da gibt es einen gewaltigen Unterschied.«

Plötzlich dachte ich: Und Luisa, was würde sie sagen? Was würde sie sagen, wenn sie jetzt sprechen könnte?

Ich schaute sie an: Anfangs sah ich nur einen goldenen Fleck, auf dem die amethystfarbene Kette glänzte. Schließlich gelang es mir, ihre helle Stirn zu erkennen.

Sie würde nichts sagen, weil sie nichts dachte, doch das soll nicht heißen, dass sie nichts fühlte: Sie spürte, dass es mir gut ging. Ob es ihr selber auch gut ging, war ihr gleichgültig: sie hätte alles für mich getan. Doch wenn sie es nur aus Güte getan hätte, würde es mich weniger beeindruckt haben. Was dahinter stand, war viel komplizierter. Luisa wünschte fast genauso stark wie ich, dass ich das, wonach ich strebte, auch wirklich tat, es war unabdingbar für sie, zu sehen, dass ich das tat, was ich mir vorgenommen hatte, es gut machte, und sie sagen konnte: »Ja, genau, das ist es!«

Ihre Gelassenheit machte mir Mut, und ich stürzte mich entschlossen auf das Finale. Auf die schwankende Brücke.

»Nicht mehr
bei Sinnen,
wahnsinnig
vor Grauen,
erreicht er

das Ufer,
nur wenig
fehlt noch,
es kostet
Mühe,
›Nur Mut!‹«

Es ist sehr schwierig, die letzten Worte des Gedichtes präzise zu artikulieren, die ja einsilbig sind und verloren gehen, wird auch nur ein einziger Vokal undeutlich, wenn einem der Atem nicht nur schwer geht, weil man schon zehn Minuten gesprochen hat, sondern auch weil man das ganze Gedicht durchlebt.

Er sprang
und flog,
kam an,
stand dort
gerettet
Oh!
Wer?
Er!
Ja!

Sie applaudierten. Ob kräftig oder schwach, kann ich nicht sagen, denn nachdem ich den letzten Vers gesprochen hatte, wusste ich nicht mehr, was um mich herum geschah. Ich wurde von einem Vorstandsmitglied zum anderen weitergereicht, die Damen umarmten mich, die Herren tätschelten mir die Wangen. Ich muss wie eine

Wahnsinnige ausgesehen haben, weil ich versuchte, zu lächeln, aber alle hasste.

Als ich die Lehrerin umarmte, lehnte ich mein Gesicht an ihre tränennasse Wange. Sie hielt mich eine Weile an ihren riesigen Busen gedrückt, und ich war kurz davor, auch zu weinen, ließ mich aber nicht gehen. Als ich vom Podium stieg, verteilte ich weiter Lächeln und grimmige Blicke, bis ich wieder bei Doña Luisa war. Ich setzte mich neben sie, hakte mich wieder unter und dachte an nichts mehr. Ich glaubte mich in Frieden mit mir und hundert Meilen von allem entfernt, bis die Feier aufhörte.

Von meinem Platz aus beobachtete ich, dass Don Daniels Stuhl leer war, doch es kam mir unwahrscheinlich vor, dass er schon gegangen war. Als wir aufstanden, sah ich, dass er beim Ausgang mit dem Arzt auf und ab ging. Ich versuchte es so einzurichten, dass sie mich nicht sahen.

Als ich mir den Mantel anzog, merkte ich, dass ich zitterte. Man hatte die Türen geöffnet, und schneidende Kälte strömte herein. Ich brachte die Verabschiedungen schnell hinter mich, weil ich mich danach sehnte, mich in diese Kälte zu stürzen. Ich sagte Luisa »Auf Wiedersehen« und ging zu meiner Tante, die ich aus einer Gruppe herausreißen musste, zu der auch Margarita Velayos gehörte, die mich genauso eisig verabschiedete, wie sie mich begrüßt hatte. Die Damen, die bei ihr standen, sprachen zweifellos über mich, denn ich hörte, wie sie sagte:

»Sie hatte schon immer ein außergewöhnliches Gedächtnis.«

Nach Hause mit der Tante. Ich schaute sie aus den Augenwinkeln an und sah, dass sie unmerklich den Kopf schüttelte, weil sie dies alles verwirrt hatte.

Ich rannte in mein Zimmer hinauf. Ich wollte nicht, dass mein Vater mich in diesem Aufzug sah. Dann ging ich hinunter, um ihm »Gute Nacht« zu sagen, und aß kein Abendbrot. Ich ging gleich ins Bett.

Vielleicht erwerbe ich eines Tages, im Laufe der Jahre, eine Eigenschaft, die mir heute fehlt: die Fähigkeit, eine Kontinuität zu fühlen. Ich kann mir überhaupt nicht vorstellen, was die Erwachsenen machen, wenn sie am Tag zuvor einen riesigen Fauxpas begangen haben, wenn sie sich lächerlich gemacht oder sich hemmungslos einem Gefühl hingegeben haben, aber ich möchte annehmen, dass sie sich dementsprechend verhalten. Mir erscheint es folgerichtig, wenn sich die einen, je nach ihrem Charakter, weiterhin töricht verhalten, und die anderen so tun, als wäre nichts geschehen, oder versuchen, den Eindruck zu verwischen. Ich kann von all dem gar nichts tun, ich kann nur mit dem letzten Funken meiner Energie sterben.

Sterben ist ein dummer Ausdruck, denn es ist mir nie in den Sinn gekommen, zu sterben, noch waren meine Albernheiten bislang gewaltig genug dafür. Ich sage das so, weil ich keinen anderen Ausdruck finde, um zu sagen, dass etwas endet, etwas in mir in Augenblicken wie diesen erlischt. Meine Willenskraft erschöpft sich plötzlich und mit ihr meine Erinnerung und mein Verstand, als würde man das Behältnis, in dem sie sich befanden, auf den Kopf stellen und kein einziger Tropfen darin zurückbleiben.

Dass ich darüber nachdenke, ist vielleicht ein Zeichen dafür, dass die Zeit vergeht, doch ich habe Angst davor, weiterhin diese leeren Augenblicke zu haben, den Konsequenzen dessen, was ich getan habe, erst hundert Jahre später ins Gesicht zu sehen, wenn niemand sich mehr daran erinnert und nichts mehr zu machen ist, da ich sie mit einer Dummheit habe links liegen lassen, die wie blinder Egoismus anmutet.

Sollte es das sein, was die Leute Unschuld nennen? Wie widerlich! Ich werde nie müde werden zu sagen, wie widerlich diese Krankheit Kindheit ist. Man kämpft darum, aus ihr herauszukommen wie aus einem Albtraum, und es gelingt einem nur, einige schlafwandlerische Bewegungen zu machen, bevor man wieder in die Benommenheit zurücksinkt.

Heute, wo die Ereignisse schon weit zurückliegen, kann ich diese Augenblicke großer Erregung wieder ins Gedächtnis zurückrufen und die winzigsten Details an mir vorüberziehen lassen, denn ich war es ja, die agierte, dieselbe, die ich heute bin. Doch am Tag danach – wer war ich am Tag danach? Ich kann mich daran nur wie an etwas Fremdes erinnern, als würde ich mich selbst von einem Fenster aus sehen, wie ich mit der Schulmappe unter dem Arm das Haus verlasse. Ich war nur eine wandelnde Tote. Ich muss diesen Ausdruck noch einmal benutzen. Mehr noch als eine Tote war ich ein Automat: etwas, das nie gelebt hat, denn nach dem Tode bleibt der

Leichnam zurück mit all den natürlichen Veränderungen, die er erfährt. Nach einem Erdbeben bleiben die Trümmer zurück, aber nach diesem Tod bleibt nicht einmal ein Zeichen. Das Vergessen tritt an die Stelle des Lebens, an die Stelle der Luft, die man atmet, an die Stelle der Zeit. Am Tage der Feier war ich fünfzehn oder zwanzig Jahre alt, am Tag darauf fünf oder sechs.

Und da gibt es noch etwas Schmerzliches: Die Erwachsenen nehmen diese Fehltritte völlig selbstverständlich hin, genauso selbstverständlich wie sie ein zweijähriges Kind ständig hinfallen sehen. Sie werfen einem nichts vor, tun so, als wäre nichts, und zeigen damit, dass sie dem, was vorangegangen ist, keine Bedeutung beimessen.

Kann sich jemand vorstellen, dass wir nach dem, was geschehen war, in genau dieselbe Situation wie schon vor einem Monat zurückglitten?

Einige Bemerkungen, die Doña Luisa und ich wechselten, hatten jetzt mehr den Charakter eines Geheimnisses als damals, als die Sache geplant wurde. Und mit Don Daniel gab es wieder eine allmähliche Annäherung, die proportional zum Vergessen verlief. Weil mein Vergessen anfangs wirklich ein tödliches Vergessen war. Seine Annäherung hingegen, das sehe ich heute klar, war zunächst lauernd und offenbarte sich erst, als er die Verheerung, die alles in mir hinterlassen hatte, deutlich sah, diese Wüste, die so wenig messbar war wie meine Kleinheit.

Da wurde er wieder herzlich, überhäufte mich mit einfachen Erklärungen, die mir die Freude bereiteten, etwas zu verstehen, anzunehmen, ich übte meinen Verstand, und ich nahm sie an, als hätte ich den Glauben an mich noch nicht verloren, als wüsste ich nicht ganz genau, dass sie extra zu diesem Zwecke gemacht worden waren.

Wie weit musste mein Vergessen gehen, dass ich die Nachmittage wieder damit verbringen konnte, die Feder in das halbrunde Tintenfass zu tauchen und die violette Tinte durch das dicke Glas zu betrachten, nur so, ohne an etwas zu denken. Dass ich die Stille des Arbeitszimmers genoss, in dem ich mich wohl fühlte, das angenehm war, weil es auf dem Tisch von all den Gegenständen bevölkert und auf den Regalen hinter mir von den Büchern belebt wurde. Von hier drinnen aus dachte ich nicht einmal an das Schweigen, das draußen herrschte. Vermutlich war es so trocken und vor allem so unüberwindlich, so grenzenlos, dass Luisa nicht darum kämpfen würde, es zu brechen. Möglicherweise hat ihr Kummer damals die Kräfte der Hölle beschworen, jedenfalls folgten sie ihrem Ruf. Und dass sie aus der Hölle stammten, zeigte sich an der Art ihrer Hilfe, denn sie eilten herbei wie Geier, die einem helfen, der in eine Schlucht gefallen ist.

Es passierte ausgerechnet in dem Gang mit dem himmlischen Licht, dessen Fußboden immer rötlich glänzte. Die Fliesen wurden gebohnert, bis sie spiegelblank waren. Ich hatte schon häufig gedacht, dass man dort zwangsläufig stürzen musste.

Eines Nachmittags fand ich Luisa, als ich kam, im Bett liegend vor, umringt von Don Daniel, den man geholt hatte, und den Dienstmädchen, die mit Arnika getränkte Tücher auf ein Knie Luisas legten. Wie es passiert war, habe ich nie erfahren.

Der Ausdruck des Leidens auf ihrem Gesicht war furchtbar. Die gewohnte Gelassenheit ihrer Züge, die ihr Gesicht gleichzeitig entschlossen und vage, oder besser: distanziert erscheinen ließ – denn ihr Gesicht war nie angespannt und dadurch verändert, wie es normalerweise bei den Leuten ist –, diese unerschütterliche Größe, die jedoch weder gefühllos noch kalt wirkte, war verschwunden. Man konnte nicht sagen, dass sie weggewischt war. Sie war vielmehr in tausend Stücke zerborsten.

Angesichts des konkreten Schmerzes, der sich dort im Knie befand und nirgends sonst, und dessen Grund ein Schlag war, den wiederum ein Fehltritt ausgelöst hatte, schrie und wand sich Luisa so maßlos wild, als würde sie eine seit langem herbeigesehnte Gelegenheit ausnutzen. Sie klagte mit der Stimme, mit den Händen, mit den Augen, als wollte sie sagen: Warum nicht? Jetzt kann ich ohne Scham klagen, bei so etwas würde jeder klagen. Und ihre Klage wirkte, als klage sie nicht über das, worüber sie klagte.

Ich fürchtete mich fast, mich ihr zu nähern, mir kam es so vor, als würde sie mich nicht erkennen, doch ich überwand diesen Augenblick des Grauens, kam näher und nahm eine ihrer Hände, und ihre Hand erkannte mich tatsächlich nicht, sie konnte nicht in meiner bleiben. Sie war von einer Unrast beherrscht, die sie hart werden ließ und nur darauf abzuzielen schien, zu zeigen, wie hässlich und beschämend das Leiden ist.

Schließlich kam der Arzt, verband ihr Bein und gab

ihr ein Beruhigungsmittel. Ihr Gesicht, das auf den Kissen ruhte, entspannte sich etwas, doch das zu einem Ball zerknüllte Taschentuch, das feucht war, weil sie darauf gebissen hatte, hielt sie weiterhin fest in der Hand.

Ich ging spät nach Hause, obwohl ich nichts für sie tun konnte, und am nächsten Morgen ging ich gleich zu ihr, um zu sehen, wie sie sich fühlte, doch sie waren nach Valladolid gefahren. Sie hatte nachts sehr starke Schmerzen gehabt, und daraufhin hatten sie frühmorgens schon per Telefon einen Wagen angefordert, der sie zum Röntgen fahren sollte.

Ich ging ganz automatisch zur Landstraße hinunter, lehnte mich an das Brückengeländer und sah auf den Weg. Es war unsinnig, sofort loszugehen, um auf sie zu warten, da sie erst vor zwei Stunden abgefahren waren, aber solange sie nicht zurückkamen, konnte ich nichts anderes tun.

Ich ging spazieren, spielte eine Weile mit den Kindern, die sich wunderten, aber nichts dagegen hatten. Ich ging nach Hause, um zu erzählen, was geschehen war, und meine Tante jammerte nicht über den Unfall, sondern darüber, dass überhaupt etwas geschehen war.

Ich kehrte zur Brücke zurück. Gerade erst von den Pappeln gefallene Blätter trieben auf dem Wasser. Ich weiß nicht, ob ihre Vielzahl mich ungeduldig machte. Es war so, als ob jedes einzelne mich erwarten ließ, dass etwas kam, was dann nicht kam. Ich sah sie von weitem herantreiben, bis sie zu meinen Füßen unter den Brückenbogen verschwanden, und sie hinderten mich daran, nachzudenken, weil ich ständig auf sie achten musste.

Noch eins und noch eins, und in der Ferne, weit hinten im Tal, wo sie herkamen, geschah Gott weiß was. Vermutlich eine grauenhafte Szene mit Schreien und verzweifelten Gebärden.

Es brauchte lange, bis ich mich dazu entschloss, daran zu denken. Deshalb verfolgte ich die trockenen Blätter mit den Blicken. Jedes Mal, wenn meine Gedanken zu der Szene vom Vormittag zurückkehrten, wich ich zurück, klammerte mich an irgendetwas Flüchtiges. Dennoch kam schließlich der Augenblick, an dem ich dann doch alles wieder an mir vorbeiziehen ließ, was ich gesehen hatte.

Genauso wie ich damals von den zwischen Don Daniel und Luisa gewechselten Sätzen auf alle nur möglichen Dialoge der beiden schloss, konnte ich, nachdem ich Luisa gesehen hatte, wie sie ihren Schmerz – oder besser ihre Wut auf den Schmerz, ihre Unduldsamkeit – ausdrückte, nicht umhin, dies mit den kurzen düsteren oder melancholischen Gesten zu vergleichen, bei denen ich Don Daniel manchmal ertappte.

Es war schwierig, sehr schwierig, diese Art von Unstimmigkeit zu erklären. Luisa, die in allem so harmonisch war, deren Verhalten und karge Worte im Allgemeinen so gefestigt wirkten, ließ plötzlich erkennen, dass sie schwach war. Geahnt hatte ich es schon bei anderen Gelegenheiten, aber es zeigte sich dann vor allem, dass ihre Schönheit, oder besser, ihre Größe, in den Augenblicken, die man Höhepunkte nennen könnte, nicht etwa zunahm. Don Daniel hingegen war hundertmal großartiger, wenn dieser Ausdruck von Trauer über sein Gesicht ging. Ich hatte nie mehr gesehen, als dass der Schatten eines Gedankens sein Gesicht veränderte, und hatte immer bedauert, dass dieser Ausdruck nicht blieb, denn ich fand immer, dass die Trauer seine wahre Domäne war. Lächelnd oder frei heraus lachen, das tat er wie alle anderen. Manchmal blitzte Spott, dann wieder Intelligenz oder Grausamkeit oder sogar Freude in seinem Lächeln auf. Allerdings nur selten, und es bezog sich nie auf ihn selbst. Es geschah dann, wenn er an den Dingen, die andere betrafen, teilhatte oder wenn er etwas Hübsches sah, einen schönen Gegenstand oder ein schönes Tier.

Wenn ihm jedoch ein schmerzlicher oder erschreckender Gedanke durch den Kopf ging, dann war er einzigartig: Die Traurigkeit, die aus seinen Augen schien, veränderte das Licht der Umgebung. Die Traurigkeit breitete sich dann in ihm aus, und es schien, als würde es nichts auf der Erde geben, das von dieser Trauer verschont blieb. Sie war wie diese Flammen, die aus der Ofentür züngeln und einen Augenblick lang die Gewalt des Elements zeigen, das dahinter eingesperrt ist.

Von acht Uhr morgens bis sechs Uhr nachmittags habe ich auf die beiden gewartet. Ich tat alles, was man auf den Wegen zwischen ihrem und meinem Haus machen konnte, und ging immer wieder zur Brücke zurück. Dort konzentrierte ich mich ganz auf diese Gedanken und glaubte, so bei ihnen zu sein. Das Thema des Schmerzes schien das zu sein, was mich ihnen am nächsten brachte. In der Ungewissheit des stundenlangen Wartens gab es Augenblicke, in denen ich das Gefühl hatte, sie würden nie wieder zurückkommen.

Endlich tauchte in der Ferne das Auto auf. Don Daniel saß neben dem Chauffeur und Luisa im Fond. Sie hatte die Beine auf dem Sitz ausgestreckt. Ich stieg ein und hockte mich auf den Boden des Wagens. Dort hörte ich ihr, bis wir bei ihnen zu Hause angelangt waren, zu, wie sie mir erzählte, was mit ihr los war.

Sie war viel ruhiger als am Tag zuvor. Sie hatte einen kleinen Bruch im Knie, und die Ärzte, die ihn entdeckt hatten, hatten ihr versichert, es sei nichts Ernstes. Behinderungen würden auch nicht zurückbleiben. Allerdings erwarteten sie vierzig Tage Bettruhe.

Es war schwierig, sie aus dem Wagen zu holen. Sie konnte sich auf das rechte Bein stützen, jede Bewegung oder Berührung des linken sollte aber vermieden werden. Wir halfen alle, und schließlich gelang es uns, sie dort herauszuholen. Als sie draußen war, hob Don Daniel sie hoch, als wäre sie eine Feder, und trug sie rasch hinauf ins Schlafzimmer. Doch bevor er sie ins Bett legte, sagte Luisa:

»Warte einen Augenblick. Es ist besser, das Bett von der Wand wegzuziehen, damit ich auf die linke Seite falle und mich so leichter bewegen kann.«

Er wollte es ihr gerade ausreden, da es aufs Gleiche herauskam, aber er unterließ es, weil Luisa hinzufügte:

»Ich möchte es lieber so.«

Die beiden Dienstmädchen schoben das Bett weg, so dass es einen Meter von der Wand entfernt stand.

Don Daniel trug Luisa in die Ecke, um sie aufs Bett zu legen, sie sagte aber noch:

»Die Kissen, packt mir viele Kissen hin.«

Ich hatte das Hin und Her die ganze Zeit beobachtet. Doch wie kann ich behaupten, ich hätte es beobachtet? Wenn ich es beobachtet hätte, wer würde es mir dann glauben? Soll ich annehmen, ich hätte eine so außergewöhnliche Beobachtungsgabe oder so außerordentliche Fähigkeiten, dass sie unweigerlich über die der anderen Menschen hinausgehen? Nein, ich habe nicht beobachtet. Ich versetzte mich – wenn ich überhaupt eine außerordentliche Gabe habe, ist es ganz allein diese –, ich vereinigte mich, identifizierte mich in diesem Augenblick mit Luisa, ich ging durch ihre Seele und ihre fünf Sinne, wie man durch ein Haus geht, das man liebt und sich daher genau ansieht. Ich sah alles, was in ihrem Kopf vorging, merkte, was ihre Hände spürten, fühlte den Schmerz, der in ihrer Stimme lag.

Don Daniel trug sie mühelos. Sie hatte einen Arm um seinen Hals gelegt und mit der freien Hand tat sie so, als hielte sie sich an seiner Schulter fest, aber sie klammerte sich nirgendwo fest, weil es überhaupt nicht notwendig war. Ihre Hände strichen sanft über seine Schultern, als sei sie unsicher, als suchte sie eine bessere Stütze. Aber sie suchte nicht danach, sie tat etwas, das nur an diesem Tag möglich war, was ihr dieser kurze Augenblick ermöglichte. Und deshalb versuchte sie mit einer Art Ängstlichkeit im Blick diesen Moment zu verlängern, und bat darum, dass noch dies oder jenes gemacht werde. Diesen Augenblick, der ihr erlaubte, den Stoff seines Anzuges zu berühren, ihn zwischen seinem Arm und seiner Brust etwas zu drücken, ihn noch kräftiger zu drücken, als sie ihn fühlte, während er sich über das

Bett beugte, sich langsam von ihm zu lösen, als wäre es sehr gewagt, schließlich den Kopf auf das Kissen fallen zu lassen.

Wer könnte abstreiten, dass ich alles fühlte, was in Luisa vor sich ging, als befände ich mich in ihr? Die tausend Fragen, die ich früher gestellt hatte, auch die Dinge, die ich nicht verstehen konnte und von denen ich hoffte, Luisa würde sie mir erzählen, wenn ich älter wäre, alles dies war plötzlich klar. In einem einzigen Augenblick wusste ich genauso viel über sie wie sie selbst, und diesmal war mein Gefühl frei von jedem kleinlichen Egoismus. Was ich in diesem Augenblick erlebte, war keine List meiner mehr oder weniger herausfordernden eigenen Interessen. Nein, ich lebte ihr Leben, ihre geheimsten Geheimnisse, und ich kann beschwören, dass ich bis ins Letzte diese Art Durst fühlte, mit der ihre Handflächen den Stoff des Anzugs in sich aufsaugten.

Die Kinder wollten aufs Bett klettern, um ihre Mutter zu küssen. Ich ließ es nicht zu, zog sie herunter und sagte ihnen, dass sie ihr so sehr wehtun könnten. Ich versuchte jede Berührung, jeden Lärm aus ihrer Umgebung zu verbannen. Ich versuchte auch, aus ihr wieder herauszukommen, die vorangegangenen Augenblicke zu vergessen, und ging mit den Kindern in die Küche. Dort beschäftigte ich mich mit ihnen, bis es Zeit war, sie ins Bett zu bringen.

Am nächsten Tag herrschte große Betriebsamkeit in Luisas Zimmer. Aus Valladolid war ein Apothekergehilfe gekommen, der dem Arzt dabei half, den Gipsverband am Bein anzulegen, und nachmittags fanden sich die ersten Besucher ein. Das taten sie dann mehrere Tage lang. Alle Damen aus Simancas erschienen nacheinander.

Ich verbrachte den ganzen Tag bei ihr. Natürlich lernte ich nicht.

Als ich eines Nachmittags nach unten ging, sah ich Don Daniel im Arbeitszimmer.

Ich trat entschlossen ein, und es gelang mir nicht, auf den ersten Blick seine Stimmung auszumachen. Daher redete ich von Luisa, noch bevor er irgendetwas tat.

Ich fragte ihn, ob es stimme, dass die Ärzte dem Unfall keine besondere Bedeutung beimaßen, und er antwortete mir, ohne auch nur eine Einzelheit auszulassen. Er zeichnete den Gelenkkopf so, wie er ihn auf dem Röntgenschirm gesehen hatte, auf ein Blatt Papier und zeigte mir, wo man den Bruch entdeckt hatte, der nichts weiter als ein nicht ganz losgelöster Splitter war. Er versicherte mir, dass er wieder vollständig anwachsen und dass keine Beschwerden zurückbleiben würden.

Es war das erste Mal, dass in seinem Zimmer über das gesprochen wurde, was in den anderen Zimmern vor sich ging, ich hatte mir aber vorgenommen, das nicht mit Stillschweigen zu übergehen, und so geschah es.

Don Daniel war weder aus Willensschwäche noch aus Pflichtgefühl damit einverstanden, darüber zu sprechen: Ihm gefiel meine Entschlossenheit, und er ging ausführlich darauf ein.

In der ersten Woche passierte nichts Außergewöhnliches. Am achten Tag kamen nachmittags zwei Damen, um Luisa zu besuchen. Die eine war bösartig, man brauchte sie nur anzusehen, um es zu bemerken. Die andere war einfältig, vollkommen dumm. Anfangs ging die Unterhaltung um nichts Besonderes. Luisa hielt sich aus dem Durcheinander von Haushaltsfragen und Nachbarschaftsklatsch heraus.

Plötzlich meinte die bösartige Dame, Luisa müsse sehr glücklich sein, weil sie zwei so hübsche Kinder habe. Luisa nickte und lächelte leicht. Die Dame fuhr fort und sagte, dass beide dem Vater sehr ähnlich sähen und es schade sei, dass sie nicht auch noch eine Tochter hätte, die ihr ähnlich wäre. Luisa wandte ihren Blick von dieser Frau ab und ließ ihn auf der anderen ruhen. Sie flößte ihr Vertrauen ein, und deshalb sagte Luisa:

»Ja, ich hätte gern eine Tochter, denn die Jungen sind mir zu ähnlich.«

Die dumme Frau entgegnete:

»Aber Doña Luisa, sie sind fast blond, wie können Sie da behaupten, dass sie Ihnen ähnlich sind?«

Und die Böse fügte hinzu:

»Die Kinder haben manchmal das Aussehen des Vaters und den Charakter der Mutter oder umgekehrt. Jedenfalls sind die Eltern nie zufrieden.«

Es schien so, als wollte sie nun schweigen, doch dann entschloss sie sich, weiterzureden:

»Was beweist, dass Sie eine vorbildliche Ehefrau sind, weil Sie den Charakter Ihres Mannes für das Beste an ihm halten.«

Luisa lächelte und führte eine Hand an die Stirn. Sie machte sich nicht die Mühe, klarzustellen, dass sie damit etwas ganz anderes hatte sagen wollen.

Ich dachte: Noch ein Geheimnis! Und dann sah ich,

wie es in ihrem Gesicht, das gelassen wie immer erschien, kaum merklich zuckte, dass die Gedanken Veränderungen hervorriefen, die ich vorher nie bemerkt hatte. Mir war so, als fühlte ich etwas Ähnliches wie das, was ich gefühlt hatte, wenn ich im Gras nach Pinienkernen suchte: Anfangs hatte ich sie zwischen den gleichförmigen Halmen nicht entdecken können. Bis ich den ersten Pinienkern gefunden hatte, und dann überall welche auftauchten, weil ich die Farbkontraste, die sie verrieten, nun schon kannte.

Ich befürchtete, sie könnte merken, dass ich sie anders ansah. Deshalb versuchte ich, meinem Blick etwas Starres zu geben, das wie Erstaunen oder Müdigkeit wirkte und mir gleichzeitig erlaubte, das meinem Wissen nun geöffnete Feld weiterhin auszukundschaften.

Don Daniel erschien nachmittags immer mehrmals kurz in Luisas Zimmer. Er sagte dann ein paar Worte und ging wieder. Einmal spielte er darauf an, dass ich die Bücher aufgegeben hätte. Es war nur ein Scherz, und er war nicht böse gemeint. Er sagte, es sei schon merkwürdig, wie viel Faulheit ich in mir hätte, und fügte dann hinzu, dass es ihm deshalb merkwürdig vorkomme, weil niemand es vermuten würde, der mich so fleißig lernen sah, ich aber andererseits, kaum dass am Horizont die Möglichkeit auftauchte blauzumachen, sofort mit Hochgenuss dabei war.

Während Don Daniel das sagte, machte ich Luisa eine Tasse Kaffee, so dass ich ihn nicht ansah. Ich stellte mich taub, weil ich eigentlich darüber lachen musste, wie Recht er hatte. Doch als ich dann hörte, wie er sich beinahe dafür entschuldigte, das gesagt zu haben, jede Menge Rechtfertigungen anführte, wie »das ist nur eine Bemerkung, eine psychologische Beobachtung«, begriff ich, dass diese Entschuldigungen nicht mir galten, und ich sah Luisa an.

Sie lag in die Kissen zurückgelehnt, etwas nach links geneigt, hatte die Schläfe in die Hand gestützt und den anderen Arm am Körper entlang ausgestreckt. Wer konnte die heftigen Gefühle erraten, die ihre Seele erfüllten? Ich, nur ich allein! Ich sah, dass ihre Augen, obwohl sie halb geschlossen waren, zur Seite schauten und dass die Wimpern in dieselbe Richtung gingen wie der Blick, weil das Augenlid dort, wo es die Hornhaut berührte, gewölbt war, so dass die Wimpern wie Lanzen wirkten. Ihr Blick sagte deutlich: Du willst mir das Einzige nehmen, was ich habe.

Um sie aus diesen Gedanken zu reißen, ließ ich sie den Kaffee trinken und fragte sie unerbittlich, ob er zu stark oder zu schwach, zu süß oder zu bitter sei, ob sie genug habe oder noch mehr wolle. Währenddessen hatte sich Don Daniel in Luft aufgelöst. Er war so leise aus dem Zimmer verschwunden, dass wir nicht einmal seine Schritte auf der Treppe hörten. Sehr viel später, als es schon unmöglich schien, sich an diese Szene zu erinnern, sagte Luisa, ohne sie zu erwähnen, ohne darauf hinzuweisen, dass sie sich darauf bezog, als wäre die Unterhaltung nie unterbrochen worden:

»Du hast tatsächlich fast den ganzen September ausgesetzt, und ich glaube, du wirst unmöglich im Juni für die Prüfung vorbereitet sein.«

Ich zuckte nur mit den Achseln, als wollte ich sagen, dass es mir zwar nicht gleichgültig sei, wir es aber schon noch sehen würden.

Am nächsten Tag sagte sie ganz selbstverständlich:

»Geh lernen, sonst verlierst du noch einen Nachmittag.«

Ich zögerte ein wenig, ging dann aber hinunter, weil ich dachte, dass es mir schwerer fallen würde, wenn ich es aufschob, bis Don Daniel kam. Kurz darauf schaute er zur Tür herein und sagte hallo, ging ein wenig im Zimmer auf und ab, setzte sich schließlich und schlug ein Buch auf. Keine Anspielung auf meine Faulheit, keine ironische Bemerkung, und der Unterricht war ernsthafter und intensiver denn je, allerdings nicht so streng wie davor, sondern effektiv, klar, so dass alles wie von selbst lief.

Luisa schaffte das Unglaubliche: Es gelang ihr, ihre Gelassenheit noch zu übertreffen, die ich für unübertrefflich hielt. Fühlte sie etwa, dass ich in sie eindrang, dass ich ihre schwache Stelle gefunden hatte? Ich weiß es nicht. Jedenfalls war morgens, wenn ich kam, um sie herum alles geordnet. Sie war gekämmt, herausgeputzt, in die Kissen gelehnt und wirkte, als wäre sie von dort aus mit alltäglichen Dingen beschäftigt.

Eines Tages – die zweite Woche hatte schon angefangen – war um sie herum das Bett voller Sachen: Kästen mit Ketten, die sie einordnete, und verschiedene Bücher. Neben ihr lagen ein englischer Roman und ein Wörterbuch. Zwischen den Seiten schaute der Rand eines kleinen, blauen Heftes hervor. Luisa nahm das Wörterbuch und sagte:

»Gestern Abend habe ich das Buch da gelesen und fand etwas darin … Weißt du vielleicht, was das ist?«

Sie zeigte auf den kleinen, blauen Rand, der herausschaute. Als ich den Kopf schüttelte, fuhr sie fort:

»Es ist etwas, das ich an dem Tag in das Wörterbuch gelegt habe, an dem du das erste Mal in dieses Haus gekommen bist. Ich wollte es dir geben, und dann habe ich es vergessen.«

Sie zog es schließlich heraus und sagte:

»Siehst du? Es ist die Theorie für das erste Jahr Musikunterricht. Erinnerst du dich noch daran, dass du deshalb gekommen warst?«

Ich fühlte mich an den Tag zurückversetzt und erinnerte mich voller Wehmut daran.

Luisa fuhr fort:

»Letztes Jahr konnte ich mich natürlich nicht auf so ein Unternehmen einlassen. Bücher passen sehr viel besser zu dir. Du warst auch schon viel zu alt, um noch ernsthaft mit Klavierunterricht zu beginnen. Außerdem entspricht es nicht deinem Wesen, täglich mehrere Stunden am Klavier zu verbringen. Dennoch ist es schade.«

Ich hatte das Heft schon in der Hand und blätterte darin, während Luisa fortfuhr:

»Was man zumindest eine Zeit lang tun sollte, ist, deine Stimme schulen, denn Singen, das würdest du sehr gut können.«

Ich sagte:

»Ich weiß nicht. Ich kann nicht sehr hoch singen. Wenn ich es versuche, bleibt mir die Stimme weg.«

»Weil du eine Altstimme hast und nie in der richtigen

Tonlage singst. Du müsstest die Stimme schulen. Du darfst dich am Anfang nicht zu sehr anstrengen. Es wäre gut, wenn du Noten lesen könntest, für später, wenn deine Stimme ausgebildet ist.«

An diesem Nachmittag passte ich ganz besonders auf, dass meine Bücher nicht auf den Boden fielen, denn das kleine, blaue Heft lag darin. Und bereits am nächsten Tag stürzte ich mich, auf Luisas Bettkante sitzend, auf dieses neue Fach, ganz anders als damals beim Chorsingen.

Ich fing gleich mit dem Notenlernen an, machte mich in der ersten Unterrichtsstunde mit den Zeichen vertraut: Es fiel mir leicht, sehr leicht. Außer über den Lehrstoff sprachen wir auch über das, was ich später singen könnte. Luisa zählte alle Opern auf, in denen die Altpartie wichtig war, erzählte mir den Inhalt der Opern und sang halblaut einige Stücke, die sie auf Italienisch, Französisch und sogar auf Deutsch konnte. Sie kannte unzählige Romanzen und Lieder aus aller Welt. Sie hatte eine wahre musikalische Geographie im Kopf, aber sie sang nie, da sie nur eine kleine Stimme hatte und Singen außerdem ihrem Wesen nicht so sehr entsprach.

Vielleicht wollte sie deshalb so sehr, dass ich sang. Sie konnte es überhaupt nicht erwarten, wieder aufzustehen und den Unterricht voller Elan in Angriff zu nehmen. Alles in allem fehlten noch vierzehn Tage, dann würden wir nach Valladolid fahren und Stücke für meine Stimmlage aussuchen können, und falls es sie nicht gab, würde sie sie transponieren.

Es war wunderbar, ihr dabei zuzuschauen, wie sie

Noten schrieb. Sie trällerte halb vergessene Stücke und notierte sie dann mit dem Bleistift auf Notenpapier. Ich hatte bislang noch nie handgeschriebene Musik gesehen. Die musikalischen Zeichen, die, wenn sie gedruckt waren, immer so hart und streng aussahen, wurden durch die Schnelligkeit von Luisas Hand ein sanft wie die Buchstaben der englischen Schrift geneigtes Gekritzel, mit kleinen, schrägen Köpfen und Schwänzchen.

Wir hatten schon an drei oder vier Tagen Musikunterricht gemacht, der sich auf den Vormittag beschränkte. Nachmittags blieb die Musik verbannt. Wenn ich kam, ging ich hinauf zu Luisa, blieb aber nur einen Augenblick bei ihr. Wenn ich die Tür ihres Zimmers hinter mir schloss, blieb alles dort drinnen, und ich setzte mich dann ins Arbeitszimmer, um wirklich fleißig und wild entschlossen zu lernen.

Ich war mir ganz sicher, dass es keinerlei Anhaltspunkte gab, die Don Daniel ahnen lassen konnten, dass ich meine Zeit vergeudete. Ich sammelte alle Lehrbücher und Zettel zusammen, bevor er nachmittags kam, und Luisa war genauso bemüht wie ich, ihn nichts merken zu lassen. Dennoch strahlte Don Daniel – ich weiß nicht, ob es plötzlich oder ganz allmählich kam – Misstrauen, Ironie und Schärfe aus.

Das führt nun zu einer Schwierigkeit, von der ich nicht weiß, ob ich sie meistern werde. Ich würde gern die Ungewissheit ausdrücken, die mich damals beschlich und über die ich mir bis heute nicht ganz im Klaren bin. Nicht genug, dass es mir nicht gelungen ist, sie zu klären: ich konnte sie nicht einmal denken. Sie hat mich verfolgt, mich bedroht, aber ich hatte nie den Mut, mich ihr zu stellen.

Zuerst einmal gibt es keinen Grund zu glauben, dass anderen nicht dasselbe passiert wie mir. Dass ich nie bemerkt habe, dass es den anderen auch passiert, heißt jedoch nicht, dass es zwangsläufig so ist, aber es bringt mich darauf, anzunehmen, dass, genauso wie ich nicht bemerke, wie es den anderen geht, sie ihrerseits nicht merken, was mit mir los ist.

Diese Folgerung wirkt logisch, ist es aber nicht. Man kann es auch anders darstellen:

Ich glaube manchmal in die Seelen der anderen eindringen, mich mit ihnen identifizieren, vereinigen zu können. Das Einzige, was bezeugen würde, dass es sich dabei nicht um reine Einbildung handelt, ist die Tatsache, dass die anderen es irgendwie merken. Sie zeigen es nicht. Dennoch ist es logisch, anzunehmen, dass sie es spüren. Es könnte aber auch so sein, dass ich, wenn ich glaube, zu tun, was ich will, nur einem Ruf gehorche, und die anderen ebenfalls nicht wissen, ob sie eine Antwort erhalten haben oder nicht, denn niemand kann solche Geheimnisse preisgeben.

Nur die Heiligen, nur die Seelen, die ihr Leben der Kontemplation geweiht haben, sind gewiss, eine Antwort zu erhalten, und vielleicht ist dieses Nichtwissen, diese Weigerung der Menschen, sich zu offenbaren, ein Zeichen dafür, dass es eine große Sünde ist, mit diesen Dingen zu spielen.

Diese Sünde ist so schwerwiegend, dass sie sich selbst bei der Beichte in der Kirche nicht enthüllen lässt. Ich habe mir tausendmal vorgenommen, all diese Abenteuer meiner Seele zu beichten, aber ich nahm mir das immer nur spät in der Nacht vor, wenn mich alles zu sehr bedrückte.

Morgens erinnerte ich mich dann an etwas Kaltes, Unbedeutendes, das mein Beichtvater sagte: »Ach was, nimm diese Fantasien nicht zu ernst.«

Warum beichte ich sie jetzt? Weil es weit nach ein Uhr ist, weil ich hin und wieder vom Tisch aufstehe, ans Fenster gehe und aus den Doppelfenstern hinaus die Nacht betrachte, die eisig wirkt. Ich blättere in dem, was ich geschrieben habe, und sehe, dass es fad und langweilig ist. Ich habe immer wieder den Grund der Beklemmung gesucht, die mich befällt, und stoße auf dies, was ich jetzt aufschreibe, weil ich nämlich Angst habe, fortzufahren. Bevor ich zu etwas anderem übergehe, kann ich noch etwas über diese geheimen, zweifelhaften Ereignisse sagen, kann ich mich noch an unzählige Einzelheiten erinnern.

Ich sagte schon, dass es keine Anzeichen gab, die meinen Zeitvertreib verrieten. Greifbare Zeichen gab es nicht, aber automatisch und unausweichlich wiederholte sich das bekannte Phänomen. Ich lernte, verhundertfachte meinen Fleiß, und zwar mit Erfolg. Nun ja, aber anstatt konzentriert zu lernen oder vom Lernen ganz absorbiert zu sein, umschwirrten mich wie gewöhnlich viele Nebengedanken, und darunter vor allem die, die mit meinen erst kürzlich erworbenen Fähigkeiten zu tun hatten, klare Gestalt angenommen hatten und ganz von den noch nicht verklungenen Gefühlen erleuchtet wurden.

Wie weit reichte die unwiderstehliche Macht dieser Gedanken? Übertrugen sie sich und hatten sie die gleichen Auswirkungen, oder trafen sie zufällig auf andere Gedanken, die, ohne ihnen gleich zu sein, mit ihnen übereinstimmten?

Ich konnte nur manchmal, während der Augenblicke, an denen wir gemeinsam am Tisch saßen, erkennen, dass Don Daniel, während er sprach und ich zuhörte, plötzlich den Blick von mir wandte. Nicht so wie jemand, der eingeschüchtert den Blick vom anderen abwendet. Nein, bei ihm konnte das nicht passieren: Er änderte unvermittelt die Richtung seines Blickes, als würde ihn plötzlich ein Gedanke überfallen, dem er mit gesteigerter Aufmerksamkeit nachgehen musste, und er schaute dann in eine dunkle Ecke, wo ihm grauenhafte Geister erschienen.

Und – wie soll ich es sagen – das, was sich in diesen Augenblicken auf seinem Gesicht widerspiegelte – so unstet wie wenn das Zittern einer Kerzenflamme die Schatten schwanken lässt, als würden die Visionen in der Ecke das düstere Wogen eines schwarzen Schleiers über ihn legen –, war genau das, was ich mit meinen Gedanken hervorrufen wollte.

Das Thema, das auf der Seite des aufgeschlagenen Buches behandelt wurde, war gleichgültig, es konnte Geographie oder Grammatik sein. Zwischen den Absätzen, zwischen der Frage und der Antwort, manchmal auch während einer längeren Passage – meine Gedanken waren immer vom Schmerz besessen.

Konkreter Schmerz wegen etwas, hinreichend traurige Gedanken? Nichts von all dem: Ich rief nur den

Schmerz herbei, wie die Leute in den Märchen aus dem Norden mitten im Wald die Angst herbeirufen.

Wäre ich verderbt und zudem so töricht, dass ich nicht den Verstand besäße zu begreifen, dass ich es bin, würde alles dies für mich erniedrigend sein. Doch ich glaube ganz ehrlich, dass das bei mir nicht der Fall ist. Ich glaube, es ist etwas anderes.

Zunächst einmal sehe ich heute, dass ich nicht den Schmerz rief, sondern das Grauen, etwas außerhalb des Alltäglichen, eines dieser Gefühle oder eine dieser Situationen, die man Grenzsituationen nennt. Wieso sollte ich den Schmerz zu einem Wesen locken, das ich über alles liebte und bewunderte? Tatsächlich war der Teil seiner Persönlichkeit, die im täglichen Umgang mit mir ins Spiel kam, sehr begrenzt. Aber ich erahnte in ihm eine solche Größe, dass es mir schwer fiel, mich damit zufrieden zu geben, nur an seiner Alltagspersönlichkeit teilzuhaben.

Luisas Unfall, die Gedanken an dem Tag, an dem ich so lange an der Brücke gewartet hatte, hatten meinen Kopf dann mit schmerzlichen Gedanken und Überlegungen erfüllt und mich dazu gebracht, es auf diesen Nenner zu bringen.

Sei es, wie es wolle – nur eines kann ich wirklich bestätigen: Während ich so tat, als würde ich aufpassen, dachte ich gleichzeitig an das, was ich schmerzliche oder grauenvolle Vorstellungen nannte, sehnte ich mich mit aller Kraft danach, eine dieser Gesten, einen dieser jähen Blicke zu erhaschen, und tat dies so intensiv, dass sich die Gesten und Blicke tatsächlich einstellten.

Das war der Grund für Don Daniels Verärgerung und Schärfe. Eines Nachmittags brach er die Unterrichtsstunde unvermittelt ab und sagte, er müsse was weiß ich wohin gehen. Am nächsten Tag waren seine Fragen schon vor Beginn der Stunde giftig:

»Hast du alles gelernt?«

»Ja, alles.«

»Kannst du es?«

»Selbstverständlich.«

»Was für eine Begabung! Was für eine Begabung! Nur weiter so!«

Er ließ diesen Satzfetzen aus einer alten spanischen Operette fallen, der von einem spöttischen Lächeln begleitet wurde. Er hatte diesen Satz in ähnlichen Situationen schon häufiger zu mir gesagt, so dass es, wenn er ihn jetzt wiederholte, eine Kriegserklärung war. Ich wusste, dass nun die rätselhaften Erklärungen, die unerwarteten Fragen folgen würden.

Er sah, dass mich die Drohung in Alarmbereitschaft versetzt hatte, und beließ es, vielleicht um mich hereinzulegen, bei einer kaum merklichen Grausamkeit.

Ich weiß nicht, ob ich am nächsten Tag völlig niedergeschlagen in Luisas Zimmer kam oder ob ich es erst wurde, als ich sie in ebendiesem Zustand sah.

Luisa hatte ihre Krankheit mit heroischer Geduld ertragen. Seit dem Tag, an dem sie gestürzt war, hatte sie nie mehr geklagt, als wäre das Leiden schon zu etwas Alltäglichem geworden. Aber an diesem Vormittag sagte sie, als wir die Lektion wiederholten, sie habe eine schlimme Nacht hinter sich. Das eingegipste Bein sei wie eingeschlafen gewesen. Zudem sei der Arzt am frühen Morgen gekommen und habe ihr gesagt, dass sie noch nicht aufstehen dürfe, wenn die vierzig Tage um wären, sondern wahrscheinlich erst ein paar Wochen später.

Wir waren den Vormittag über bedrückt, als fühlten wir, dass es unnütz war, sich Illusionen zu machen oder etwas zu planen, dass alles, was wir wünschten, unterbrochen werden, sich verzögern, sich auflösen könnte. Es war so, als warteten wir darauf, dass irgendeine Lösung auftauchen und sich anbieten würde, aber das Einzige, was kam, war der Mittag und demzufolge Don Daniel, der vom Archiv zurückkehrte.

Als er in die Eingangstür trat, hörte ich seine Schritte, aber ich konnte die Lehrhefte einfach nicht einpacken.

An den vorangegangenen Tagen hatte ich es ganz selbstverständlich gemacht, als würde ich damit die Stunde für beendet erklären. Es in diesem Augenblick zu tun, hätte Luisa gezeigt, dass ich es verheimlichte – was sie ganz genau wusste –, und deshalb tat ich es nicht. Ich sah, wie sie eine Weile abwartete, und dann stellten wir uns beide dem inquisitorischen Blick Don Daniels, der sofort alles erfasst hatte, aber unverändert blieb, als hätte er nichts bemerkt.

Ich kam gleich am Nachmittag wieder, schloss mich unten ein und schlug die Bücher auf. Die Zeit verging, eine Zeit wie eine riesige, zähe Masse, und ich glaubte schon, Don Daniel würde nicht kommen, aber ich hörte eine Uhr fünf schlagen, und kurz darauf erschien er wie gewohnt.

Nach dem üblichen Hallo ging er zu den Regalen. Ich

hörte, wie er Bücher hin und her bewegte, auf und ab ging. Ich war stark genug, mich nicht umzudrehen. Plötzlich sagte er: »Endlich ist die Geschichte aufgetaucht, die wir neulich gesucht haben. Du kannst sie mit nach Hause nehmen und sie lesen, falls du nach all deinen vielfältigen Aktivitäten noch die Kraft dazu hast.«

Ich sagte mir: Das Feuer ist eröffnet. Nicht antworten heißt auch antworten, beweist, dass er ins Schwarze getroffen hat und ich bereit bin, weitere Schüsse einzustecken. Warum also nicht die Haltung ändern, warum nicht mit einer Rechtfertigung kontern, die dieses ganze Spiel mit Andeutungen unmöglich macht. Ich drehte mich ein wenig und sah ihn an. Ich begann:

»Denken Sie nicht etwa, ich hätte angefangen, ernsthaft Musik zu studieren. Ich bereite mich nur vor, denn noch ist …« Ich wollte gerade »Luisa« sagen, sprach den Namen aber nicht aus. »Ist es zu früh, um meine Stimme zu schulen. Später, wenn ich alt genug bin, würde ich gern gut singen können.«

Es war mir gelungen, ihn zu entwaffnen, allerdings nicht einmal eine Minute lang. Als ich anfing zu sprechen, bemerkte er meinen unschuldigen, offenen Tonfall und hörte mir fast unwillkürlich ohne Hintergedanken zu, doch dann wurde ihm der Sinn meiner Worte deutlich, und er hob die Augenbrauen mit gekünsteltem Erstaunen, brachte ein »Ah« hervor, das ewig dauerte und sich mit Ironie anreicherte, und sagte dann:

»Du willst dich also dem Belcanto widmen?«

Ich gab mich noch nicht geschlagen. Ich antwortete im selben Tonfall wie vorher:

»Nicht als Beruf, auf gar keinen Fall, aber ich würde gern mit geschulter Stimme singen können.«

»Ausgezeichnet, ausgezeichnet«, rief er aus und schlug mit der Handfläche auf den Rücken des Buches, das er in der Hand hielt. »Etwas Besseres hätte dir überhaupt nicht einfallen können. Warum habe ich bloß nicht schon früher gemerkt, dass du eine Künstlerin bist?«

Er kam zum Tisch, ließ das Buch los und sah mich an wie … ich weiß nicht, wie ich es sagen soll.

Er fuhr fort:

»Genau das bist du, von Kopf bis Fuß: eine Künstlerin, eine wahre Künstlerin. Ich traue dir zu, dass du Rom anzündest.«

Mehr sagte er nicht. Es folgte ein kurzes, entsetzliches Schweigen, und dann ging er unvermittelt. Doch als er sich entfernte, konnte ich so etwas wie ein Zähneknirschen hören oder ein leises Lachen oder ein Hüsteln. In seiner Kehle oder in seinem Mund entstand ein ächzendes Geräusch, das so unmenschlich war wie das Knarren eines Schrankes. Eines dieser Geräusche, die einem Angst einjagen, eben gerade weil man nicht weiß, ob sie von einem Menschen stammen oder nicht.

Wenn man uns die Hölle beschreibt, stellen wir uns immer einen Abgrund vor, ein tiefes Loch im schwarzen, undurchdringlichen Inneren der Erde. Den Himmel hingegen stellen wir uns eher als eine verschwommene, unermessliche Weite vor. Nun, in diesem Augenblick versank ich in einem unendlichen Elend, das dunkel war wie die Hölle und grenzenlos wie der Himmel. Aber es ist zwecklos zu versuchen zu beschreiben, wie es war, ich würde eher sagen, dass ich plötzlich fühlte, dass alles zu sein aufhörte.

Ich ließ mich bäuchlings auf das Sofa fallen und verbarg mein Gesicht in den Kissen. Ich wollte verhindern, dass man draußen mein Schluchzen hörte und seine Lautstärke mich wahnsinnig machte.

Ich weiß nicht, wie lange ich so dalag, und ich weiß auch nicht, wieso ich plötzlich den Kopf hob. Don Daniel stand an den Türpfosten gelehnt: Mein Weinen brach sofort ab.

Die Grausamkeit, die Unmenschlichkeit und die Ironie waren aus seinem Gesicht verschwunden. Da war nun nur noch das Andere, das Schreckliche, das Unbeschreibliche.

Er kam herein und schloss hinter sich die Tür. Er sah so aus, als könnte er nicht sprechen, weil seine Lippen halb geöffnet, seine Zähne jedoch zusammengebissen waren. Dennoch sagte er:

»Ich werde dich töten, ich werde dich töten!«

Was mir jetzt noch zu sagen bleibt, ist etwas ganz anderes. Wenn ich weiter Seiten mit vergessenen Einzelheiten von Bildern oder Gedanken füllen könnte, würde dies bedeuten, dass das Leben weiterging. Aber nein, es ging nicht weiter.

Dies andere zu erzählen, geht, fürchte ich, über meine Kräfte. Ich fürchte, dass es zu schwierig für mich ist, dass es mir nicht gelingen wird, das Unmögliche ganz deutlich darzustellen, zu beschreiben, wie man darin lebt und gleichzeitig weiß, dass alles von einem Augenblick zum anderen explodieren wird und in tausend Stücke zerbricht.

Nein, nein. Ich muss es anders machen. Es ist töricht, hohes Fieber beschreiben zu wollen. Es reicht, wenn man sagt, wie hoch es wurde. Es reicht, wenn man die Dinge so erzählt, wie sie sich ereignet haben, sie nacheinander einzeln schnell bis zum Ende durchgehen und sonst nichts.

Am nächsten Tag geschah nichts. Von mir gibt es nichts zu sagen. Ich habe Luisa vormittags nicht besucht, ich bin nicht zu ihr gegangen, und weiter nichts: ohne irgendwelche Erklärungen. Nachmittags ging ich hin, aber auch nicht hinauf zu ihr. Am nächsten Tag jedoch – und es gab noch einen nächsten Tag – habe ich Luisa zwar auch nicht besucht, aber ich dachte mir bereits, dass ich deshalb nicht zu ihr gegangen war, weil es nur mit einem Spaziergang am Fluss vergleichbar gewesen wäre, bei dem man, anstatt dem Ufer zu folgen, abbiegt und bis zum Grund des Flusses hinuntersteigt. Das ist praktisch möglich, aber wer wäre fähig, es zu tun?

Am folgenden Tag habe ich Luisa auch nicht besucht. Ich ging vormittags nicht und ging auch am Nachmittag nicht zu ihr hinauf, aber natürlich war ich den ganzen Tag, Tag und Nacht, davon besessen sie zu sehen, doch die Gewissheit, dass es unmöglich war, sie zu sehen, diese Besessenheit und diese Gewissheit zerstörten alles.

Zerstörten sogar die Fähigkeit, die einfachsten Dinge zu begreifen. Ich hatte seit jeher, schon als Kind, die natürliche Gabe, von einem Wort ausgehend, das ich aufschnappte, irgendeine Intrige oder komplizierte Machenschaft der Leute aufzudecken. Nun, am vierten Tag hörte ich auf dem Flur in meinem Haus jene schmutzigen Überlegungen der Haushälterin und verstand nichts.

Was hätte ich getan, wenn ich es verstanden hätte? Was hätte ich noch retten können? Nichts, es war schon zu spät.

Und plötzlich fällt mir etwas ein, und es kommt mir zu banal vor, um es zu erwähnen, und würde den kurzen Bericht unterbrechen, den ich mir vorgenommen habe. Dennoch zeigt es, obwohl es wie eine Fantasterei, wie einer meiner früheren Zeitvertreibe erscheint, dass ich schon in diesem Augenblick begriffen hatte, wie nutzlos es war, etwas zu begreifen.

Den ganzen Tag über begleitete mich eine fixe Idee. Plötzlich fragte ich mich: Warum sieht man auf den Feldern nie tote Vögel, tote Kaninchen, tote Mäuse oder andere kleine tote Tiere? Und ich fand die Antwort: Weil diese Tiere nur so lange leben, wie sie die Kraft haben, vor ihren Feinden zu fliehen. Wenn eine bestimmte Zeit um ist, geraten sie in eine Falle, sterben sie, denn sie sind überall von Gefahren umgeben.

Ich dachte an die Vögel und die Kaninchen. Mir kam es so vor, als flüchtete ich mich in diesen Gedanken, um nicht an etwas anderes zu denken, um diese anderen Gedanken aus meinem Kopf zu verbannen. Aber nein: Ich dachte daran, um zu begreifen, dass es in einem bestimmten Augenblick zum Fliehen zu spät ist.

Am fünften Tag habe ich Luisa vormittags nicht besucht, und nachmittags bin ich auch nicht zu ihr hinaufgegangen. Wieder schloss sich die Tür des Arbeitszimmers hinter mir.

Unerwartet hob sich heftig der Riegel, und jemand rüttelte kurz an der Tür. Ich saß am Tisch. Don Daniel öffnete: Es war mein Vater.

Ich hörte, wie Don Daniel ein Wort sagte, das ich nicht verstand. Ich bemerkte nur, dass sein Tonfall gelassen und höflich war.

Mein Vater trat wortlos ein, schloss die Tür und lehnte sich mit dem Rücken dagegen. Dann sagte er:

»Vor allen Dingen werden Sie nicht laut!«

Don Daniel entgegnete:

»Ich wüsste nicht warum.«

Ich würde gern Buchstabe für Buchstabe alle Worte wiedergeben, die hier drinnen ertönten, aber wie könnte ich das Schweigen wiedergeben!

Es war unmöglich zu sagen, wer von den beiden Herr der Lage war. Mein Vater stand ruhig da, von einem Entschluss erfüllt, von dem ihn niemand und nichts abbringen konnte. Don Daniel, unerschütterlich in einer Gelassenheit, die alles würde ertragen können. Und dann ließ mich ein kurzer Seitenblick von ihm, eine leichte Bewegung befürchten, ihm würden die Kräfte fehlen. Er dachte daran, dass ich da war. Er wollte meinem Vater einen Hinweis geben, dass er mich hinausgehen lassen solle, aber er sah, dass mein Vater ihm nicht zuhören würde, und sagte nichts. Er gewann seine Gelassenheit zurück.

Mein Vater begann sehr merkwürdige Dinge zu sagen. Anfangs kam es mir so vor, als sei er nicht recht bei Verstand, dennoch war er es. Er begann nur so zu sprechen, als nähme er eine unterbrochene Rede wieder auf. Er sagte:

»Wenn man einmal in seinem Leben etwas getan hat, tut man es nicht wieder. Nein, keine Angst, ich werde es nicht noch einmal tun.«

Don Daniel hörte schweigend zu. Mein Vater fuhr fort:

»Ich könnte ohne weiteres das tun, was Sie jetzt denken, aber ich werde es nicht tun. Ich weiß bereits, wie es ist: Ich habe es vor zehn Jahren getan und stehe hier nun allein.« Dabei klopfte er mit seiner Krücke auf den Boden. »Glauben Sie etwa, ich würde das Schicksal noch einmal herausfordern?«

Don Daniel antwortete nicht.

»Diesmal sind Sie dran. Diese Genugtuung werde ich mir nicht nehmen lassen. Es ist ganz einfach. Von meinem Haus aus, ohne mich zu regen, werde ich Sie hier mit dem ganzen Gefolge abziehen sehen: mit der Entehrung, dem Skandal, mit einem sehr gut platzierten Hieb, mit einem von denen, die die Achse mit einem Mal für den Rest des Lebens zerschlagen. Es ist ganz einfach, ich muss nur um Ihre Entlassung bitten …«

Ich glaube, mein Vater sagte noch ein Wort, aber ich konnte es nicht hören, weil Don Daniels Stimme, die ihren höflichen Tonfall beibehielt, ihm so unvermittelt ins Wort fiel, dass sie das, was mein Vater sagte, auslöschte.

Er rief:

»Lassen Sie Leticia hier hinausgehen!«

Mein Vater bewegte sich nicht, wandte mir nicht einmal den Kopf zu. Er sagte nur:

»Unterbrechen Sie mich nicht.«

Aber er hatte ihn unterbrochen. Mein Vater wollte wieder anfangen, tat dies unerschütterlich, doch nicht mehr mit so viel Feuer wie vorher.

»Ich habe dabei sogar die Genugtuung, dass Sie in guter Gesellschaft gehen. Sie haben nicht die Möglichkeit, ins Rif-Gebirge zu gehen. Sie schleppen noch drei andere mit sich, denen es genauso schlecht ergehen wird wie Ihnen.«

Was so grauenhaft war wie die Folter, die schließlich die Opfer schreien und sich in Krämpfen winden lässt, schien über Don Daniels Gesicht einen großen Frieden auszubreiten. Die Bewegung seiner Augenbrauen, die zeigte, dass jeder Angriff zwecklos war, war so deutlich sichtbar, dass die Heftigkeit meines Vaters um einige Grade abnahm.

Er sprach wieder. Ich glaube, mir ist nichts entgangen, oder besser, ich glaube, ich habe alles rekonstruieren können, weil ich in diesem Augenblick nichts als ein Überbleibsel war, wie eine dieser Pflanzen, die man im Winter aus der Erde reißt und in den Straßengraben wirft, und die dort tot und gefroren liegen bleiben.

Mein Vater sagte:

»Ich nehme an, Sie zweifeln nicht daran.«

Der Tonfall war beinahe fragend, und er schwieg einen Augenblick und ließ so Raum für eine Antwort.

Don Daniel ließ auf sich warten und antwortete nicht direkt. Er sagte wie zu sich selbst:

»Ich weiß ja nicht, wie Sie das letzte Mal vorgegangen sind, aber ich nehme an, Sie haben den anderen eine Waffe in der Hand tragen lassen.«

»Natürlich hatte er eine Waffe«, sagte mein Vater.

»Dann geben Sie mir das Recht, ein paar Worte zu sagen.«

Mein Vater zuckte mit den Achseln, gestand es ihm herablassend zu.

Don Daniel überlegte noch einen Augenblick und sagte schließlich:

»Ihre Haltung ist verständlich. Ich denke, dass der Plan, den Sie entworfen haben, der einzige ist, der Ihnen Genugtuung verschafft. Was ich Ihnen jetzt sagen werde, ist weder eine Warnung noch ein Rat, auf gar keinen Fall ... Es ist, kurz gesagt, dies: Was Sie vorhaben, ist nicht machbar.«

Mein Vater wollte sich empören, schrie fast:

»Einen größeren Zynismus habe ich in meinem Leben noch nicht gehört!«

Don Daniel entgegnete:

»Sie wissen genau, dass das, was Sie sehen, kein Zynismus ist«, und er fuhr fort: »Wenn Sie diesen Raum verlassen haben, und auch nur eine halbe Stunde darüber nachdenken, werden Sie sehen, dass das, was Sie eben ausgeführt haben, nicht machbar ist. Es ist alles fein ausgeklügelt, Sie haben nichts ausgelassen, um ihm grauenhafte Züge zu verleihen, aber Sie haben übersehen, dass es dabei etwas gibt, das es unmöglich macht.«

Mein Vater war verwirrt, zeigte es jedoch nicht. Und da er keine Antwort darauf fand und das Rätsel nicht lösen konnte, das man ihm vorgelegt hatte, entschied er sich, zu schweigen, und tat so, als wartete er auf einen Schluss.

Don Daniel sagte:

»Gehen Sie durch diese Tür, und wenig später werden Sie es verstehen.«

Indem er das sagte, wies er auf die Tür, und mein Vater, der der Aufforderung unwillkürlich folgte, löste sich von der Tür. Er setzte zu einer langsamen, mühevollen Bewegung an, als wollte er losgehen, und versuchte, auf den Krücken das Gleichgewicht zu finden, aber da hielt Don Daniel ihn mit einer Geste zurück.

»Eines wollte ich Ihnen noch sagen«, begann er, »doch das ist unnötig, denn auch dies wird die Zeit Ihnen zeigen. Ich wollte nur sagen, dass ich mir dessen sicher bin, noch bevor es sich beim nächstbesten Anlass erweisen wird. Ich beziehe mich auf seine Bedeutung für die Zukunft … Es gibt ein Wort, das ich nicht einmal aussprechen möchte. Aber wenn ich nun sittliche Zukunft sage, dann meine ich die zukünftige Entwicklung … Was das betrifft, so weiß ich genau, dass Sie nichts zu befürchten haben.«

Daraufhin rief dann mein Vater:

»Das ist unglaublich, mein ganzes restliches Leben wird nicht ausreichen, es immer wieder zu sagen. Das ist unglaublich, das ist unglaublich!«

Don Daniel fuhr fort:

»Denken Sie über das nach, was ich gesagt habe. Die Sache hat so ungeheure Ausmaße, dass sie nicht in Ihre Pläne passt, wie vollkommen sie auch sein mögen. Denken Sie darüber nach, Oberst Valle, denken Sie eine halbe Stunde darüber nach.«

Mein Vater sagte immer nur dieselben Worte leise vor

sich hin, hatte sich schon von der Tür gelöst und machte einige unentschlossene Schritte, als wollte er die Verwirrung in seinem Kopf mit der Unbeholfenheit seiner Füße rechtfertigen.

Don Daniel packte mich, sobald er eine Lücke gesehen hatte, mit einer unbeschreiblich schnellen Bewegung fest an der Schulter – ich glaubte, der Arm würde sich vom Körper lösen –, öffnete die Tür etwa einen halben Meter weit und stieß mich hinaus.

Der Stoß seiner Hand war so stark, als hätte er mich durch die Luft nach Hause getragen: Ich spürte den Boden unter meinen Füßen nicht.

Ich ging durch die Tür zum Gemüsegarten, jedoch nicht durch die Küche. Ich stieg eine kleine Treppe hinauf, die zu einer Terrasse führte, die ihrerseits mit dem oberen Korridor verbunden war. Ich ging in mein Zimmer und schloss es von innen ab.

Ich horchte eine Weile. Das Dienstmädchen hatte mich von der Küche aus gesehen, aber niemand kam hinter mir die Treppe hoch. Es war so still, als wäre das Haus verlassen. Ich schaute aus dem Fenster der Veranda. Die Lichter waren noch nicht angezündet, doch trotz der Dunkelheit konnte ich meinen Vater erkennen, der um die Ecke bog. Bei jedem Schritt, den er machte, versuchte er weit voranzukommen, aber dann zögerte er, bis er wieder den nächsten machte, und kam so nur mühsam vorwärts. Ich sah ihn fest an, wollte aus seinen Bewegungen seine Stimmung ableiten. Der Bürgersteig, auf dem er kam, lag tief im Schatten, und über den Häusern sah man einen durchsichtigen Himmel, den ich lange Zeit ansehen musste. Und mir schien es, als würde inmitten seiner Ruhe eine Blase zerplatzen. Es gab nur einen kleinen Knall, so fern und so kurz, dass ich mich fragte, ob etwas in Wirklichkeit so gar keine Dauer haben konnte. Ich ließ den Blick eine Zeit lang auf der Suche nach einer Spur, einem Beweis, über den ganzen Himmel wandern, soweit ich ihn erfassen konnte. Alles war ruhig wie immer. Nur unten auf dem Bürgersteig zögerte mein Vater noch mehr. Er drehte sich um, ging einige Schritte zurück. Blieb stehen, ging einige Schritte auf das Haus zu und blieb wieder stehen. Plötzlich setzte er sich so hastig in Bewegung, als wollte er über seine Behinderung einfach hinwegsehen, stolperte über sich selbst und trat in die Haustür. Das ganze Haus hallte von dem Knall wider, mit dem er die Tür zuschlug, als er in sein Zimmer ging.

Es war wieder still, und draußen herrschte immer noch vollkommene Ruhe. Plötzlich rannte ein Mann nach rechts vorüber, und kurz darauf kam ein anderer hinter ihm her. Sie waren schon weit weg, als der eine den anderen einholte. Sie klopften sich gegenseitig auf die Schulter: Es waren junge Burschen, die miteinander spielten. Alle Lichter gingen an, und im ersten Augenblick war es viel schwerer, etwas zu sehen. Die Straße wirkte dunkler, mit einem leuchtenden Punkt an jeder Ecke.

Ein Auto fuhr vorbei, das von außerhalb zu kommen schien. Es hielt, nachdem es in die Straße nebenan gebogen war, an unserer Gartenmauer, aber mehr hörte ich nicht. Ich schaute weiter aus dem Fenster, sah die Frauen genau an, die unter den Lampen vorbeieilten, ohne mir

Zeit zu lassen, an ihrer Haltung zu erkennen, ob sie irgendwohin gingen oder irgendetwas wussten.

Dann hörte ich Stimmen an der Haustür, mehrere Stimmen, die alle durcheinander flüsterten. Ich konnte unter allen Leuten nur meine Tante Aurelia heraushören, die weinte, nicht greinte wie sonst, sondern hemmungslos weinte. Mehr brauchte ich nicht zu wissen, aber ich konnte nicht weinen: Ich wartete noch immer auf ein Wunder.

Die Tür zum Zimmer meines Vaters schlug wieder laut zu, und an der Haustür war es wieder still. Ich setzte mich auf die Bettkante.

Schwieg ich aus Feigheit oder aus Gleichgültigkeit? Nein, nur weil ich wusste, dass das, was ich gern getan hätte, unmöglich war. Ich wäre nirgendwo hingelangt, eines unserer Dienstmädchen oder irgendein Mann auf der Straße hätten mich wie eine Maus zertreten können.

Ich blieb schweigend in meinem halbdunklen Zimmer sitzen.

Die Tür zum Zimmer meines Vaters war wieder zu hören, diesmal leise. Schritte gingen an der Haustür vorbei und kamen die Treppe herauf, die Schritte eines Mannes, der behände hinaufstieg. Ich erlebte in diesem Augenblick eine Halluzination, die so stark war wie die Luftspiegelungen in der Wüste: Es war die Hoffnung, die in dem Maße, wie die Schritte sich meiner Tür näherten, in meinem Herzen zusammenströmte. Schließlich ein Klopfen und eine Stimme, die meinen Namen rief. Ich erkannte die Stimme sofort: Es war mein Onkel Alberto. Er drängte:

»Mach auf, mach sofort auf!«

Ich öffnete. Er trat ein und sah sich überall um. Er sagte nur: »Komm, beeil dich. Du kommst mit mir.«

Er stürzte sich auf einen Nähkorb, der in einer Ecke stand, und schüttete ihn auf dem Bett aus. Dann öffnete er eine Schublade, warf eine Hand voll Sachen in den Korb und sagte ständig:

»Los, trödel nicht herum, zieh dir einen Mantel an!«

Er nahm einige Kleider aus dem Schrank und legte sie sich über den Arm. Er schüttelte mich leicht, weil ich nicht reagierte. Er zog mich fast zur Tür. Dort sagte er mit einer zärtlichen Geste zu mir:

»Still jetzt, wir sprechen beide später noch miteinander.«

Wir gingen die kleine Treppe vom Balkon hinunter, da mein Onkel den Wagen neben der Hintertür stehen gelassen hatte. Wir trafen niemanden auf unserem Weg, stiegen in das Auto und fuhren ab nach Valladolid.

Hier könnte der Bericht enden. Jetzt ist inzwischen März. Fünf Monate sind vergangen, und mein Leben in dieser Zeit ist mir so fremd wie das irgendeines Bewohners dieser Stadt, deren Sprache ich fast nicht kenne.

Ich kann mich daran erinnern, dass ich am Anfang dieses Heftes gewisse Pläne aufgestellt hatte, mich der neuen Umgebung zu widersetzen. Ich habe keinen davon eingehalten. Ich habe mit Adriana gelernt und bin genau wie alle anderen Schlitten gefahren.

Meine Tante Frida glaubt noch immer, ich sei ein nettes Mädchen. Sie und ihr Mann haben es sich zur Aufgabe gemacht, mich davon zu überzeugen.

Bereits in Valladolid, in der Nacht, die ich im Zimmer neben dem meines Onkels zugebracht habe, wo er mich bis zur Abfahrt des Zuges versteckt hatte, damit von der Angelegenheit nichts zu meiner Großmutter durchsickerte, versuchte er, mich mit diesem Argument aufzuheitern, mich davon zu überzeugen: »Dich trifft keine Schuld an dem, was passiert ist. Das musste geschehen, wenn es nicht diesen Grund gegeben hätte, wäre es ein anderer gewesen. Letzten Endes ist allein dein Vater dafür verantwortlich, weil er dich nicht schon lange in eine dir angemessene Umgebung gebracht hat.«

Ich sah ihn schweigend an und dachte bei mir: Was würde wohl passieren, wenn ich ihm jetzt sagen würde, dass es mich anwidert, ihm zuzuhören? Was würde wohl geschehen, wenn ich ihm einen Fußtritt geben würde? Würde er mich nach Simancas zurückbringen? Aber nein, ich habe nicht die Kraft, bis zum Grund des Flusses hinunterzusteigen.

Gleichzeitig merkte ich, dass er die allerbesten Absichten hatte und weiterhin alles tun würde, um mich zu retten. Doch ich fand es erniedrigend, mich retten zu lassen, da ich wusste, dass ich nicht verdiente, gerettet zu werden. Dennoch ließ ich es zu.

Er glaubte, mich getröstet zu haben, und riet mir, zu schlafen, damit ich die Reise nicht müde antrat. Als er aus meinem Zimmer ging, zeigte er mir seine Fahrkarte, die er schon am Tage zuvor gekauft hatte. Er sagte zu mir:

»Ich hatte sie gerade gekauft, als Aurelia mich anrief und um Hilfe bat.«

Und er fügte mit der Eitelkeit von Leuten hinzu, die sicher sind, alles regeln zu können:

»Na, wenn ich nicht dagewesen wäre, wärest du in die Falle gegangen, Schätzchen.«

Es ist wunderbar, in einem Zimmer zu weinen, in das durch das Oberlicht der Tür das Licht vom Flur hereinfällt und wo man einen dieser Kleiderständer aus Vitoria mit den hochgebogenen Haken sehen kann. Oder aber in der Koje eines Schlafwagens, nahe unter der Decke bei der kleinen blauen Lampe, den Rauch einzuatmen, der hereindringt, wenn der Zug in einen Tunnel fährt, und das Rütteln zu fühlen, das einen einwiegt, als wäre der Zug ein mächtiges Wesen, das einen in seinen Armen mit sich trägt.

Dies alles ist wunderbar, aber es ist widerlich, dass es sogar einem verräterischen Wesen zuteil wird. Obwohl ich nicht weiß, ob die Tatsache, dies widerlich zu finden, nicht bedeutet, Gottes Barmherzigkeit nicht begreifen zu wollen.

Begreife ich sie womöglich nicht? Ich weiß es nicht. Ich glaube, dass wenn es in mir überhaupt eine Dankbarkeit gibt, diese nur als ungeschliffene Kraft vorhanden ist. Es ist etwas Irrationales wie die Gesundheit. Wenn ich die Kälte an meinen Wangen spüre, wenn ich mit Adriana durch den Schnee laufe oder zwischen den dunklen Bäumen, die die Hänge bedecken, überkommt mich eine Art warmes Gefühl, das mich angesichts all der Schönheit fast berauscht lächeln lässt.

Plötzlich erinnere ich mich … Nein, das werde ich nicht niederschreiben. Ich habe all meine erhabenen Gefühle beschrieben, bis sie damit endeten. Deshalb wollte ich es auch tun: damit man sieht, wohin sie führten. Von dem, was jetzt ist, will ich nichts sagen. Ich will nicht, dass mein Leiden Mitleid erweckt. Im Gegenteil, ich schreibe nur weiter, weil ich dieses Netz aus grotesken Einzelheiten nicht einfach übergehen will, das zu meinem Besten um mich herum gesponnen wird.

Meiner Tante mit ihren archäologischen Studien im Mittelmeerraum macht es großen Spaß, mich ihren Freundinnen vorzustellen. Normalerweise kommen immer einige, um am Kamin Tee mit ihr zu trinken. Und dann stricken sie und reden alle auf einmal. Wenn Adriana und ich von draußen kommen, und ich meine Kapuze abnehme, loben sie alle meine Locken, von denen sie sagen, sie seien schwarz. Eine der Freundinnen nennt mich immer Mignon, und eines Tages meinte sie zu mir, sie müsse mir unbedingt ein Gedicht beibringen, das mit den Worten »Kennst du das Land, wo die Zitronen blüh'n« anfängt.

Meine Tante ergriff gleich die Gelegenheit beim Schopfe, den Freundinnen den Unterschied zwischen Italien und Spanien zu erklären, und sagte ihnen, dass ich nicht dem südspanischen Typ entspräche, und dort, wo ich geboren sei, keine Zitronen wüchsen, es gebe dort jedoch eine wunderbare Burg voller alter Dokumente.

Da ging ich aus dem Zimmer, nachdem ich der Dame gesagt hatte, ich hätte zum Gedichtelernen kein gutes Gedächtnis, und Adriana folgte mir begeistert, weil sie sich darüber freute, dass ich zu einer solchen Lüge fähig war.

Nachdem alle gegangen waren, setzte ich mich auf die Stufe vor dem Kamin ans Feuer. Adriana machte ihre Hausaufgaben, und ich saß dort lange und aß die Brotschnitten auf, die vom Tee übrig geblieben waren.

Mein Onkel kam und sagte etwas zu seiner Frau, das mich aufhorchen ließ. Sie konnten mich nicht sehen, da mich ein riesiger Sessel verdeckte, der vor mir stand. Sie sprachen von einem Brief aus Spanien und rückten näher an eine Lampe heran, um ihn zu lesen. Ich weiß nicht, von wem der Brief war, wahrscheinlich von einer meiner Tanten. Mein Onkel sagte: »Es war gut so, die arme Aurelia konnte schon nicht mehr.« Gut war, dass sie das Haus in Simancas verlassen hatte. Dann erklärte mein Onkel meiner Tante, dass mein Vater auch das letzte Mal aufs Gut von Margarita Velayos gezogen sei, bevor er nach Afrika ging. Er habe damals dort einige Monate gelebt, doch jetzt wisse man nicht für wie lange. Und sie meinten noch einmal, dass es das einzig Richtige gewesen sei, den Haushalt dort aufzulösen. Das beruhigte sie am meisten. Jetzt würden wir drei, jeder für sich, weniger gefährlich sein; vom anderen ganz zu schweigen. Keine Bemerkung, keine Anspielung auf das Drama, das dies alles ausgelöst hatte. Aber ich wusste genau, was sie dachten: Sie dachten, dass es, wenn nicht aus diesem Grunde, aus einem anderen Grunde geschehen wäre.

Meine Tante stellte darüber hinaus noch klar, dass sie alles vorausgesehen habe. Sie sagte noch einmal: »Ich habe es dir von Anfang an gesagt. Das konnte so nicht gut gehen, das war verrückt. Das konnte so nicht gut gehen.« Und sie merkten nicht, dass das, was nicht gut gehen konnte, hinter dem Sessel saß.

Ich weiß nicht, ob es Wut oder Bitterkeit war, die meine Augen mit Tränen füllte. Mir kam es so vor, als würde ich in meinem ganzen Leben nie wieder etwas fühlen, was man Liebe nennen könnte.

Dann dachte ich, dass vielleicht das, was ich ungeschliffene Kraft nannte, das einzig Gewisse war, was mir blieb. Da fing ich an zu gähnen und hatte wahnsinnige Lust, tief zu schlafen. Trotz der Tränen hatte ich nicht aufgehört, Schwarzbrotscheiben zu essen.

Ich kam ruhig aus meiner Ecke hervor, und obwohl sie erschraken, zogen sie es vor, dem keine Bedeutung beizumessen. Sie fanden, dass es das Beste sei, anzunehmen, ich hätte nichts gehört.

Ich sagte, ich sei müde und wolle ins Bett gehen. Niemand hatte etwas dagegen.

Als ich in mein Zimmer kam, fiel mir ein, dass am nächsten Tag der 10. März war. Ich sah die Efeuranke an, die am Fensterrahmen hochwuchs, und sie war genau so viel gewachsen, wie ich es mir vorgestellt hatte.

Jean Rhys

Sargassomeer

Roman · Aus dem Englischen von Anna Leube

Der erfolgreichste Roman der großen englischen Schriftstellerin Jean Rhys.

Antoinette Cosway wächst als Halbwaise in einem Herrenhaus auf Jamaika auf. Die Cosways sind aus der Inselgesellschaft ausgestoßen, von den Schwarzen als ehemalige Sklavenhalter verhasst, von den Weißen als Verarmte verachtet. Antoinette lebt in einer vieldeutigen Zwischenwelt: Da sind die weißen Herren mit ihren nicht minder merkwürdigen Ritualen, den Festen, den Ausritten, den Picknicks im Mondschein. Und über allem liegt die betörende, bedrohliche tropische Natur.

»Sargassomeer bleibt im Gedächtnis als die brillante Verkörperung eines Alptraums; und es vervollständigt die Welt von Jean Rhys.« V. S. Naipaul

Berliner Taschenbuch Verlag